미국 문화
충돌과 이해
꿀팁 *88가지*

미국 문화 충돌과 이해 꿀팁 88가지

초판 1쇄 인쇄	2023년 7월 01일
초판 1쇄 발행	2023년 7월 10일

신고번호	제313-2010-376호
등록번호	105-91-58839

지은이	신재동

발행처	보민출판사
발행인	김국환
기획	김선희
편집	이상문
디자인	김민정

ISBN	979-11-6957-058-9　　03940

주소	경기도 파주시 해올로 11, 우미린더퍼스트@ 상가 2동 109호
전화	070-8615-7449
사이트	www.bominbook.com

- 가격은 뒤표지에 있으며, 파본은 구입하신 서점에서 교환해드립니다.
- 이 책은 저작권법에 의하여 보호를 받는 저작물이므로 무단 전재와 복사를 금합니다.

미국, 캐나다, 호주 문화
알아두어야 할 팁들

신재동 지음

미국 문화
충돌과 이해
꿀팁 88가지

책머리에

　살다 보니 어언 미국에서 산 지도 54년째이다. 한평생 미국에서 살면서도 내가 미국인이라는 생각은 들지 않는다. 나는 한국인이 맞다. 늘 한국식으로 생각하고 한국 음식을 먹고 한국인들과 어울린다. 미국에서 살기는 해도 한국은 영원한 노스탈자(Nostalgia, 그리움)이다.
　한국이 그리워서 한국에 들어가면 생경한 점이 눈에 거슬리는 것으로 보아 한국식으로 생각하는 것만은 아닌 것 같다. 한국과 미국을 오가면서 한국 문화와 미국 문화가 서로 다른 점을 만나기도 하고 보기도 하면서 축적해 놓은 차이점을 책으로 묶었다.

　미국과 캐나다 그리고 호주는 같은 문화권이라고 해도 과언이 아니다. 살다 보면 미국이나 영어권 국가에 가야 할 기회가 있기 마련이다. 미국에 공부하러 간다거나, 취업으로 가던가, 출장을 가던가, 관광차 내지는 친지 방문차 등등 다녀와야 할 일이 생긴다. 초행은 물론이고 여러 번 다녀왔더라도 낯설기만 한 게 미국이다.

뉴스 시간마다 미국 뉴스를 접하니 미국이 친숙하고 잘 알 것 같지만 그렇지 않다. 뉴스는 주로 새로운 것, 뭔가 별난 것, 좀 특이한 것을 쫓아다닌다. 99%인 보통 일상은 말하지 않는다. 뉴스거리가 아니기 때문이다. 뉴스 속의 미국과 실제 미국은 별개의 세계다. 뉴스로 그 사회를 안다는 생각은 흔히 할 수 있는 실수다. 우리는 살면서 미국이란 국가에 대해서 많이 들어왔고 많이 들은 만큼이나 아는 것도 많다.

그러면서 이해가 되지 않는 면도 적지 않다. 알기는 알되 잘 모른다는 의미이리라. 알 것도 같고 모를 것도 같은 미국에 대해서 좀 더 심도 있게 이해하는 계기가 되었으면 하는 바람에서 책을 쓰게 되었다.

미국은 세계에서 가장 부강한 나라이고 최첨단을 달리는 과학 문명의 선두주자이며 명성 높은 대학이 가장 많이 포진해 있는 나라이다. 인간의 존엄과 자유를 만끽할 수 있는 나라이기도 하고 만인에게 동등한 기회가 열려 있는 나라이기도 하다. 예나 지금이나 세계 여러 나라에서 아메리칸 드림을 이루기 위해서 모여들고 있다.

그런가 하면 범죄가 많고 총기사고로 숨지는 사람도 가장 많은 나라다. 그럼에도 불구하고 세계 각국에서 미국으로 몰려드는 까닭은 미국은 자유와 인권을 보장하기 때문이리라. 아니, 그보다는 행복을 찾아서일 것이다.

  행복은 우리가 소유한 것들이 유형의 것이건 무형의 것이건 상관없이 그 양과 질이 발전하는 과정 속에서 얻어진다. 즉 행복은 어떤 성공의 정점에 도달하여야만 얻을 수 있는 것이 아니라, 변화의 길을 걸어가는 과정이 곧 행복이다.

  인생은 기회이고 기회는 운명이다. 혈기왕성한 젊은이라면 한 번쯤 자신의 운명을 바꿔보겠다고 생각해보지 않은 사람은 없을 것이다. 아메리칸 드림이 바로 세계 젊은이들의 꿈 중의 하나이다.

  2016년 『미국 문화의 충격적인 진실 35가지』라는 책을 펴내고 내실이 충분하지 못하다는 걸 알았다. 오랜 시간을 가지고 보다 많은 사례를 모아서 책으로 내게 되었다.

  이 책은 수익이 목적이 아니라 미국에서 영주하거나 다녀가야 할 사람 누구에게라도 조금이나마 도움이 되었으면 하는 바람에서 쓴 책임을 밝혀둔다.

- 2023년 7월

저자 **신재동**

차례

책머리에 • 4

제1부　미국에서 처음 충돌하는 낯선 문화

01. 제트 레그(Jet Lag) • 12
02. 항공기 내에서 지켜야 할 예절 • 13
03. 방향과 거리 감각 • 17
04. 미국인들의 인사 예절 • 19
05. 선생님을 뭐라고 불러야 하나? • 22
06. 거북한 호칭 문화 • 23
07. 영어를 잘하려면 영어만 써라 • 25
08. 미국에서 데이트 신청을 하려면 • 30
09. 결혼과 예식장 문화 • 31
10. 신부 샤워(Bridal Shower)와 베이비 샤워(Baby Shower) • 32
11. 포틀럭(Potluck) 파티 • 34
12. 혼전 약정서(Prenuptial Agreement) • 35
13. 인디언 썸머(Indian Summer)와 인디언 트레이드(Indian Trade) • 36
14. 카피 캐터(Copy Cater) • 37
15. 대학 캠퍼스나 주택가에서 흔히 볼 수 있는 야생동물 • 38
16. 동물 울음소리는 영어로 어떻게 표현하나? • 39
17. 영주권 취득 방법 • 40
18. 연도별 한인 영주권 취득 • 44
19. 취업비자, 유학생에겐 하늘의 별따기 • 46
20. 유학생, 비거주자의 세금 보고 • 49
21. 원정출산의 매력 • 51
22. 원정출산 후 아이 이름 지어주기와 교육 • 56
23. 직장은 얼마든지 있는데… • 59
24. 미국에 유학 와서 학위를 딴 다음? • 62

제2부 한국과 미국의 서로 다른 문화

25. 집 안에서 신발을 신는 문화 • 66
26. 미국인들의 화장실과 우리의 화장실 • 67
27. 미국인들의 식기 문화 • 68
28. 아파트와 콘도미니엄 • 70
29. 대도시 개념으로 한국과 미국의 다른 점 • 72
30. 미국은 동성애 문화가 발달한 나라 • 75
31. 비문화인 취급 받는 한국인 • 78
32. 미국 집과 한국 집 • 80
33. 미국에서 가장 행복한 도시는? • 85
34. 미국은 살기 좋은 나라 (1) • 88
35. 미국은 살기 좋은 나라 (2) • 92
36. 사교육비가 없어서 행복하기만 한 사람들 • 94
37. 어디에서 어떻게 살아야 하나? • 98
38. 미국과 한국에서의 부부생활 차이점 • 101
39. 향수병 • 106
40. 미국이 한국보다 살기 좋은 이유 11가지 • 107
41. 미국 문화와 한국 문화의 충돌 • 114
42. 김치와 미국인들 • 117
43. 껍데기를 까고 나서는 용감한 사람들 • 122
44. 미국 공동묘지 • 125

제3부 미국 문화 이해하기

45. 미국에서 쓰는 단위와 한국에서 쓰는 단위 • 130
46. 미국인들의 상품 판매 가격 99센트 • 132
47. 미국은 가족 중심의 생활이다 • 133
48. '팁' 줘야 하나 말아야 하나? • 135
49. '팁' 얼마가 적당할까? • 142
50. 미국인들이 즐기는 노출과 선글라스 문화 • 144
51. 미국의 예약 문화와 미국식 생각 • 146
52. 미국은 천천히 변화하는 문화 • 148
53. 미국에서 낚시는 면허가 있어야 한다 • 151
54. 미국에는 대중목욕탕이 없고 미국인들은 '때'를 밀지 않는다 • 153
55. 미국인은 국가에 대한 자부심이 강하다 • 154
56. 장애인에 대한 배려 • 156
57. 미국인들에게는 나이 차별이 없다 • 158
58. 남녀평등 • 159
59. 미국은 주부 중심의 나라다 • 160
60. 건강상식 외면한 한국인의 밥상 • 162
61. 미국 군인 • 164
62. 미국 시민권자인데 한국 군대에 가야 하나? • 167
63. 미국에서 50년을 살다가 찾아온 고국 • 171
64. 미국에서 매장이나 화장 장례를 치르려면 • 176
65. 미국 경찰과 술 문화 • 181
66. 미국 세금제도 • 183
67. 미국에서 자동차 운전의 꿀팁 • 185
68. 미국 사회보장연금 제도 = 한국 국민연금 • 189
69. '거리의 여성' 곳곳에 … 성매매 공공연 • 193
70. 미국에서 재산 상속 • 196

제4부 미국에서 사는 한인들

71. 같은 생김새의 힘 • 202
72. 같은 한국인이라서 • 206
73. 미국 한인 교포는 몇 명이나 되나? • 209
74. 미국은 가난한 한국 노인들이 살기에는 천국이다 • 214
75. '효도' 나들이 • 217
76. 과시 욕구 • 220
77. 불편한 진실, 아시안 인종차별과 혐오 • 222
78. 미국 거주 아시아인이 차별 대우를 받는 이유 • 225
79. 역이민이 발생하는 까닭 • 228
80. 미국이 적성에 맞는 사람, 한국이 적성에 맞는 사람 • 232
81. 미국 최초의 한국인 이름으로 명명된 6차선 대교 • 239
82. 600개 가맹점의 주인 찰리 신 • 243

제5부 한국과 미국의 서로 다른 병원 시스템

83. 한국과 미국 병원의 차이점 • 248
84. 한국과 미국 병원 진료실의 다른 풍경 • 258
85. 한국과 미국에서 병원 진료와 진료비 차이점 • 265
86. 잘못 알려진 미국의 의료비 • 270
87. 소아과와 산부인과 • 278
88. 한국과 미국에서 나의 안과 진료 경험 • 280

제1부

미국에서 처음 충돌하는 낯선 문화

미국에서 데이트의 필수요건으로는 차가 있어야 한다. 하지만 차가 없어도 방법은 있다. 상대방의 차를 활용하는 방법을 연구해볼 수도 있고 자동차 있는 친구가 데이트하러 나갈 때 두 사람이 동승하는 방법도 있을 수 있다. 사랑에 빠지면 이런저런 아이디어가 샘솟는다.

01 제트 레그(Jet Lag)

처음 한국에서 미국에 도착한 사람들은 자동차만 타면 졸음이 쏟아진다. 시차 적응이 안 된 게 첫 번째 원인이다. 이처럼 장거리 여행객들이 현지에서 겪는 증세를 의학용어로 제트 레그(Jet Lag) 또는 시차증, 시차증후군이라 부른다.

밤낮이 바뀌어 한참 잠이 들어 있을 시간에 신체를 움직임으로써 피로감이 겹쳐 여러 증상이 나타나고 밤에는 머리가 멍하면서 잠을 못 자는 수면장애가 따라온다. 낮에는 시도 때도 없이 졸음이 쏟아진다. 이런 생체시계를 바로잡아 주는 약은 없다. 빨리 적응하는 사람은 2주면 되고 늦어도 한 달이면 정상으로 돌아온다.

02 항공기 내에서 지켜야 할 예절

　비행기로 한국을 자주 다니다 보면 가끔 다른 좌석의 한국인 승객이 내게 다가와 아는 사람들끼리 동석하고 싶으니, 자리를 바꿔줄 수 없느냐고 물어오는 경우가 있다. "싫다"라고 대답하면 인정머리 없는 사람 취급을 받을 것이고 바꿔주기에는 내 좌석 위치가 아깝다는 생각 때문에 난처했던 경험이 있다.
　한국인들은 승객 자신이 직접 나서서 문제를 해결하려고 한다. 일이 성사되면 다행이지만 그렇지 않을 경우에 요구를 거절한 당사자는 부탁했던 사람과 마주칠 때마다 미안한 마음이 들게 된다. 결국, 즐거워야 할 여행에 흠집이 생기고 만다.

　똑같은 경우에 미국인들은 승객이 승객에게 직접 부탁하지 않고 스튜어디스에게 문의한다. 한 번은 스튜어디스가 내게 다가와 좌석을 바꿔줄 수 없겠느냐고 묻기에 마침, 내 좌석의 위치가 별로 마음에 드는 자리도 아니어서 그렇게 해주었다. 잠시 뒤에 스튜어디스는 고맙다면서 와인 한 병을 선물로 가져왔다.

중계자는 가운데서 전하는 말을 여과시켜 주기 때문에 양쪽 다 기분 상할 일이 발생하지 않는다. 설혹 내가 거절했다손 치더라도 누가 부탁했었는지 나는 알지 못하니까 누구에게도 미안해할 이유가 없다. 한국인들의 직접 나서서 해결하려는 관습은 상대방에게 무례하게 보일 뿐만 아니라 기분 상하게 할 수도 있고, 잘못하다 가는 시비로 번질 수도 있다.

지난번 한국에 갈 때의 일이다. 기내식사가 끝나고 실내 불이 꺼지면 잠자리에 들 시간이다. 나는 의자를 뒤로 눕혔다. 이코노미석 의자를 눕혔다고 해봐야 고작 허리가 뒤로 반쯤 젖혀진 상태다. 누군가 뒤에서 내 어깨를 툭툭 친다. 뒤돌아봤더니 젊은 한국인 청년이 아직 식사가 끝나지 않았으니, 의자를 다시 접어달란다. 기분이 언짢았지만, 그냥 의자 등받이를 세웠다. 식사가 끝나고도 남았을 만한 시간이 흘렀다.

잠 좀 자야겠기에 의자를 뒤로 눕혔다. 다시 어깨를 톡톡 친다. 이번엔 또 뭔가 하고 돌아보았다. 자기가 컴퓨터를 보는 중인데 내가 의자를 눕혀놔서 작업에 방해가 된단다. 나더러 옆자리가 비어 있으니 그리로 옮겨 앉아줄 수 없느냐고 묻는다.

'아! 이 청년 매너를 가르쳐줘야지 안 되겠구나' 하는 생각이 들었다. 나는 아무 말 없이 스튜어디스 호출 버튼을 눌렀다. 스튜어디스에게 자초지종을 설명하고 나더러 옆좌석으로 옮기라고 하지 말고 자기가 빈 옆자리로 옮겨 앉으라고 말해 달라고 부탁했다. 나의 부탁을 들은 스튜어디스는 스튜어디스들이 모여 있는 칸막이 안으로 쪼르르 되돌아갔다. 잠시 후에 다시 내 뒷좌석 승객에게 다가와 나의 말을 전했다.

스튜어디스가 신참이어서 고참 언니에게 물어보고 달려온 것으로 추정된다. 승객이 승객에게 직접 대놓고 부탁하면 상대방 기분을 해칠 수가 있어서 모든 문제는 스튜어디스에게 부탁해서 해결해야 한다.

여객기에서 스튜어디스들이 가장 싫어하는 승객의 행동은 여러 가지다. 내가 겪었던 것처럼 다른 승객에게 조언하는 경우다. 예를 들어 마스크를 착용하라고 하거나 기침하지 말라고 하는 승객이다. 하지만 승객이 직접 조언하면 싸움으로 번질 수 있다. 직접 조언하기보다는 스튜어디스에게 상황을 알려야 한다.

어떤 승객은 선반 위 다른 승객의 수하물을 허락 없이 옮기기도 한다. 이유는 선반에 자신의 수하물 넣을 공간을 마련하기 위해서다. 선반에 수하물 넣을 공간이 없다면 승무원에게 도움을 요청해야지 남의 짐을 함부로 이동시켜서는 안 된다.

스튜어디스를 부를 때 옷을 잡아당기거나 손가락으로 오라고 제스처를 쓰거나 "저기요" 하고 소리로 부르는 것은 예의가 아니다. 모든 스튜어디스는 이런 행위에 불쾌감을 느낀다. 아무리 지척 간에 있는 스튜어디스라도 손을 들거나 스튜어디스 호출 버튼을 눌러서 오게 해야 한다.

　스튜어디스가 밀고 가는 카트 위에서 간식과 음료를 직접 집어가면 안 된다. 가끔 스튜어디스의 수고를 덜어주고자 직접 손을 뻗어 음료를 가져가는 승객이 있다. 하지만 이것은 스튜어디스가 배열해 놓고 기억하는 음료나 간식을 엉망으로 만들기 쉽다.

　원하는 물건이나 필요로 하는 게 있으면 호출 버튼을 눌러야 한다. 미안해할 이유가 없다. 스튜어디스 호출 버튼으로 10번 불러도 군말 없이 다가온다.

03 방향과 거리 감각

서울에서 부산만 가도 방향 감각을 잃기 쉽다. 해가 어느 방향에서 뜨는지 동서남북이 헷갈린다. 하물며 머나먼 지구 반대편에 가면 방향 감각과 거리 감각이 잠시나마 무뎌지는 것이 당연하다. 더군다나 한국은 반도이고 미국은 대륙이어서 더욱 혼란스럽다.

TV 뉴스를 시청하더라도 한국인은 한국 지도를 머리에 그리면서 뉴스를 이해한다. 하지만 미국인은 미국 지도를 머리에 그리면서 뉴스를 시청한다. 미국의 땅덩어리는 한국보다 99배나 넓다. 한국이 99,720 sq km인데 미국은 9,833,517 sq km이다. 한국인이 작게 생각하는 동안 미국인은 넓고 크게 생각한다.

예를 들면 한국에서 친구가 미국에서 사는 우리 집을 방문했다. 다음날 유명한 요세미티 공원에 가기로 했다. 친구는 공원이 얼마나 머냐고 물었다. 나는 늘 하던 대로 멀지 않다고 말했다. 내가 미국식으로 멀지 않다는 말은 고속도로로 4시간 거리를 의미한다. 하지만 한국에서 갓 미국에 온 친구에게 고속도로로 4시간 거리라면 장거리에 속한다. 서울에서 대전 거리가 넘는다. 이와 마찬가지로 미국인들이 '조기', '멀지 않아'라는 말은 한국식으로 하면 상당히 먼 거리를 지칭한다.

04 미국인들의 인사 예절

　미국인들은 인사성이 바르다. 지금 한국은 많이 좋아졌지만, 아직도 가야 할 길이 남았다. 가까운 이웃 나라 중국인들은 무뚝뚝하다. 보고도 못 본 척 말없이 딴청 부리는 게 중국인이다. 요새는 유튜브가 발달해서 탈북자들의 북한 이야기를 많이 듣는데 북한 사람들이 한국에 와서 제일 먼저 느끼는 게 한국인들의 친절함, 인사성, 조곤조곤 말하는 풍습에 놀란다.

　북한에는 인사라는 자체가 없다고 한다. "늘 보는 사람한테 뭐 하러 인사해" 하는 식이다. 지금의 북한 풍습은 곧 우리나라의 옛날 풍습을 말한다. 옛날 우리나라 풍습이 늘 보는 사람은 보고도 인사 안 하는 풍습이었다.

　현재 한국인들의 인사성은 6.25 전쟁을 거치면서 미국 풍습이 전해오고 우리 나름대로 개선한 풍습이다. 우리는 인사할 때 고개를 숙이고 허리를 굽혀야만 인사로 받아들인다. 허리 굽혀 인사하는 우리의 풍습을 보는 미국인들은 이상하고 우습게 보인다. 미국인들의 인사는 말과 눈으로만 한다.

우리는 일본인들을 가리켜 인사성 밝고 예의 바르다고 말한다. 일본인들은 웃으면서 두 번 세 번 인사한다. 이것은 어디까지나 인사에 불과한 것이지 좋아서 웃는 것은 아니다.

일본인보다 더 인사성이 바르고 잘 웃는 게 미국인이다. 미국인은 모르는 사람을 길에서 만나도 웃으면서 인사한다. 복도에서 만날 때마다 웃으면서 인사한다. 아침에 한 번 인사했으면 됐지 왜 자꾸 인사하나 할지 모르겠으나 미국 문화는 만날 때마다 "하이" 하고 웃으면서 인사한다. 엘리베이터에서 만나도 인사하고 시도 때도 없이 만나면 인사한다.

미국에 처음 온 한국인들은 미국식 인사 풍습이 불편하다. 실없는 사람처럼 늘 웃어야 하는 것도 불편하고 덜떨어진 사람처럼 인사만 해대는 것도 마음에 들지 않는다. 어떤 사람은 미국 여자가 웃으면서 인사하니까, 그것도 만날 때마다 똑같은 수법으로 인사하니까 혹시 저 여자가 내게 관심이 있어서 그러나 하고 엉뚱한 착각을 하기도 한다. 미국인들이 모르는 사람을 보고도 웃으면서 인사하는 풍습은 서로 간의 서먹서먹함을 깨트리자는 의미일 뿐이다.

인사를 넘어서 악수하는 수도 있다. 미국은 악수가 흔하다. 위아래, 남녀 구분 없이 악수는 보편적 인사방식이다. 미국에서 나이 어린 젊은 녀석이 악수하자고 손을 내민다고 해서 버릇없다거나 나를 무시하는 게 아니라는 걸 알아야 한다. 미국인들은 나이를 따지지 않는다. 취직할 때 레즈메에 나이를 적지 못하게 되어 있고, 인터뷰할 때도 나이를 묻는 것은 위법이다.

노인이나 사장이 손을 내밀어 악수를 청한다고 해서 두 손으로 잡고 허리 굽히는 한국식 악수는 금물이다. 허리를 펴고 한 손으로 당당하게 악수해야 한다. 특히 한국 여자들은 남자와 악수하는 걸 꺼리는 경향이 있는데 미국에서 남녀 간의 악수는 자연스러운 것이다.

한국에서는 악수를 자주 하지 않는다. 악수한다고 해도 허리를 굽히면서 두 손으로 잡는다. 특히 어른들을 만나면 주로 허리를 굽혀 인사한다. 반면에 미국에서는 악수가 매우 흔한 인사법이다. 흔히 악수할 때, 두 손을 잡고 악수하는 경우는 친밀한 경우가 아니면 하지 않는다. 그리고, 악수한다고 해도 허리를 굽히지 않으니 유의해야 한다. 마지막으로 악수할 때 너무 꽉 쥐거나 스치듯이 성의 없이 느슨하게 잡지 말아야 한다. 미국 여자들은 인사할 때 허풍을 떤다. 그냥 "Good Morning" 하면 될 것을 "Gorgeous Day"라든가 상대를 칭찬하느라고 "Fabulous", "Elegant Looking" 등 화려한 어휘를 자주 쓴다. 미국인들의 일상용어이기에 신경 쓸 게 못 된다.

한국도 인사할 때 말을 같이 하는 인사가 있다. "밥 먹었니?", "잘 잤니?" 이런 표현은 한국인끼리만 통하는 인사말이다. 미국인과 인사하면서 한국식으로 "밥 먹었니?" 하고 말하면 무슨 의미인지 몰라서 되물어올 것이다. 밥 먹다가 뜨거운 국물을 한 숟갈 떠먹으면서 "아, 시원하다"라고 말하면 미국인은 전혀 이해하지 못하는 것과 같다.

05 선생님을 뭐라고 불러야 하나?

　한국에서는 선생님을 선생님이라고 부르지만, 미국에서는 선생님을 부를 때 선생님 성에 미스터, 미스, 미세스 호칭을 붙여 불러야 한다. 우리는 "미스터 김" 하고 부르면 업신여기는 것처럼 들린다고 생각한다. 더군다나 상사를 부를 때 "미스터 김" 하고 불렀다 가는 해고 당할지도 모른다.
　하지만 미국에서 미스터는 최고의 존칭이다. 더 이상의 존칭이 없는데 그러면 상사를 어떻게 부르란 말인가? 설혹 누가 나를 미스터라고 부른다면 고맙게 생각할 일이다.
　한국에서 선생님 호칭을 선생님이라고 부르는 것이 습관이 되어, 미국에 처음 오면 실수하기 쉽다. 머리는 선생님 성과 미스터, 미스, 미세스라고 불러야 한다고 생각하지만, 막상 입은 그렇게 터지지 않기 때문이다. 두세 번 연습하면 곧 익숙해진다.

06 거북한 호칭 문화

우리는 상대방을 부를 때 성(姓) 다음에 이름(名)을 부른다. 하지만 미국인들은 이름 다음에 성을 부른다. (예 : 한국식 - 김 창호 / 미국식 - 창호 김)

미국인들은 아기 이름을 지을 때 부르기 좋은 이름으로 골라서 짓는다. 사회보장국 통계에 의하면 여자아이 이름이 18,993개이고 남자아이 이름이 13,959개로 나왔다. 이들 이름 중에서 하나를 골라 붙인다. 그런 이유로 미국에는 같은 이름이 많다. 또한 이름을 기억하기가 쉽다.

미국인들은 나이, 즉 위아래가 평준화되어 있어서 나이 많은 동료라도 이름을 부르고 나이 어린 아이도 이름을 부른다. 미국에서는 웬만하면 거의 다 그냥 이름을 부르면 괜찮다.

한국인들이 가장 꺼리는 것은 미국인 시아버지나 시어머니(장인, 장모)를 어떻게 부를 것이냐이다. 미국인 아들이나 딸은 스스럼없이 '맘(Mom, 엄마, 어머니)', '대디(Daddy, 아빠, 아버지)'라고 부른다. 그렇다고 한국인이 시아버지를 부를 때 존칭을 빼고 '대디'라고 부른다는 건 불편하기 짝이 없다. 이럴 때는 별명(Nickname)을 만들어서 주면 된다. 시아버지 별명은 '아버님', 시어머니 별명은 '어머님'으로 지어주면서 의미를 설명해주면 미국인들은 좋아한다. 처음 본다거나 나이가 지긋한 노인이라면 앞에다가 미스터, 미세스를 붙이면 된다.

07 영어를 잘하려면 영어만 써라

노래 잘 부르는 사람이 있고 춤 잘 추는 사람이 따로 있듯이 외국어도 잘하는 사람이 따로 있다. 영어를 잘하는 사람은 미국에 오지 않고 한국에서만 공부해도 영어를 미국인처럼 잘한다. 영어 못하는 사람은 미국에서 오래 살아도 그 수준에서 벗어나지 못한다.

영어를 잘하려면 현지인과 결혼하는 방법이 가장 좋은 방법이다. 언어는 말만 배워서는 안 된다. 문화와 함께 배워야 하는데 현지인보다 더 훌륭한 사부는 없다.

현지인과 결혼까지는 못하더라도 현지인 집에 들어가서 살면서 영어를 쓴다면 이것도 좋은 방법이다. 미국에는 큰 집에서 외롭게 혼자 사는 할머니들이 많다. 더군다나 외롭게 사는 할머니들은 말벗이 없어서 늘 말에 배고파한다. 이렇게 말 많은 할머니를 만나면 영어 익히기가 수월하다.

어떻게 하면 큰 집에서 외롭게 사는 할머니를 만날 수 있을까? 살고 싶은 지역의 시니어 센터를 찾아가서 자신의 인적사항과 사연을 적어서 보드에 올려놓으면 읽어보는 할머니가 있을 것이다. 물론 방세를 지급한다던가 아니면 집 청소를 해주겠다거나 정원을 가꿔주겠다는 그럴듯한 조건을 내세우면 매력 있어 보인다.

영어를 익히는데 생활영어와 사회영어 그리고 전문영어의 순으로 배우게 된다. 처음에는 한국어로 문장을 만들고 이를 영어로 번역해서 영어로 말한다. 영어를 듣고 문장을 만들어 번역해서 이해한다. 매우 더디고 힘들고 어려운 방법이다. 이것도 숙달되면 속도가 붙는다. 그보다는 영어 회화체를 통째로 외워야 한다. 회화체 문장 20~30개만 외우면 의사소통에 별반 문제는 없다.

첫 번째, 생활영어는 일반적으로 사람들이 하는 영어다. 쉽게 예를 들면 월남 여성들이 결혼해서 한국에 오면 대개는 농촌에서 산다. 같은 월남 여성인데도 어떤 여자는 한국말을 한국인처럼 구사하고 어떤 여자는 그렇지 못하다. 언어 습득 소질에 달려 있기 때문이다. 언어를 빨리 익히는 사람들을 보면 많이 떠드는 편이다. 남보다 많이 지껄이는 사람은 점잖게 보이지는 못할망정 언어 습득은 빠르다. 또한 적극적인 사람은 언어를 빨리 익힌다.

학교에 다닐 때 보면 영어를 익히겠다고 열심히 영어단어를 외운다. 단어를 외웠으면 어디에 써먹을 데가 없나 하고 두리번거린다. 외국인이 지나가면 달려가서 붙들고 말을 건다. 이렇게 적극적으로 대응하는 사람은 남보다 먼저 배운다.

두 번째, 사회영어는 시간이 있을 때마다 뉴스나 시사물만 보고 듣는다. TV를 봐도 뉴스만 보고 차를 운전해도 라디오에서 흘러나오는 뉴스만 듣는다. 신문이나 잡지를 봐도 뉴스를 읽다 보면 자연스럽게 사회영어를 익히게 된다. 시사영어에서 쓰이는 단어는 제한되어 있고 그 단어가 그 단어여서 뉴스맨의 말을 듣다 보면 오래 걸리지 않고 습득하게 된다.

세 번째, 전문영어는 전공과목이나 전문직에 가면 당연히 전문영어만 쓰게 된다. 영어가 아닌 한국말이라도 전문직장에 가면 처음에는 무슨 말인지 알아듣지 못한다. 꾹 참고 두세 달 같이 일하다 보면 자신도 모르게 새로운 용어에 익숙해진다. 영어도 마찬가지다. 열심히 일하면 자연스럽게 터득한다.

같은 한국인이지만 미국군 중사로 근무하는 사람이 있었는데 영어를 미국인처럼 잘했다. 보이지 않는 다른 방에서 영어로 말하면 미국인인지 한국인인지 구분이 안 된다. 이분은 전문영어를 잘하는 거지 모든 분야의 영어를 다 잘하는 것은 아니다. 미국에서 오랫동안 같은 직종에서 근무하다 보면 자연스럽게 그 분야에 전문가가 되고 전문가답게 전문영어를 잘한다.

영어를 잘하려면 현지인과 결혼하는 방법이 있다고 했다. 간단한 예로 반기문 전 UN 사무총장은 어떻게 영어를 익혔는가 살펴보자.

'미국 엄마'가 사랑한 '한국인 아들'

2016년 8월 11일 샌프란시스코를 방문하는 반기문(72) UN 사무총장이 현지에서 '미국 엄마'와 재회했다.

경제 전문 매체 '쿼츠(Quartz.com)'는 반 총장과 그가 서부를 방문할 때마다 잊지 않고 찾는 '미국 엄마(American Mom)' 리바 패터슨(99) 여사와의 각별한 인연을 소개했다.

두 사람의 첫 만남은 54년 전 1962년 8월이다. 18세였던 '충주고 3학년 반기문 학생'이 난생처음 미국 땅을 밟았을 때다. 미 적십자사가 주최한 전국 영어 경시대회에서 1등을 차지해 '외국인 학생초청 프로그램(VISTA)' 교환학생으로 샌프란시스코에 도착했다.

당시 1주일간 반 총장을 돌봐준 민박집 아주머니가 패터슨 여사였다. 반 총장은 기회가 있을 때마다 공식석상에서 '외교관의 꿈을 키우게 해주신 분'이라고 패터슨 여사에게 고마움을 표시해왔다.

매체는 54년 전 에피소드들을 소개했다. 반 총장은 잠들 때마다 '민박집 엄마(Host Mother)'가 담요를 따뜻하게 덮어주던 일을 잊지 못했다. 또, 민박집 엄마는 쌀을 사서 밥을 하려는데, 햄버거가 더 좋다고 했던 반기문 학생을 떠올렸다.

패터슨 여사는 "유엔 총장이 됐지만, 그는 여전히 내 아들"이라고 한국 아들에 대한 변하지 않는 사랑을 표현했다. 반 총장은 외교통상부 장관 재임 시절인 지난 2005년 43년 만에 패터슨 여사와 한국에서 해후했다.

패터슨 여사는 인천공항으로 직접 마중 나온 반 총장 부부를 끌어안으면서 눈물부터 흘렸다. 반 총장은 2007년 유엔 총장에 당선된 직후 패터슨 여사에게 전화로 소식을 알리고 샌프란시스코로 날아와 직접 인사하기도 했다. 지난해 유엔 창설 70주년 기념식에도 패터슨 여사와 가족들을 초청한 바 있다. 반 총장은 샌프란시스코에서 제리 브라운 가주 주지사와 만나 기후 변화와 관련된 현안들을 논의할 예정이다.

08 미국에서 데이트 신청을 하려면

    미국에서 데이트 신청을 하려면 자동차가 있어야 한다. 미국은 자동차 중심 도시여서 차가 없으면 어디건 갈 수 없다. 반면에 한국은 걷기 중심의 도시여서 대중교통이 발달해 있다. 한국에서 남녀가 데이트를 하려면 대중교통을 이용하면 된다. 예를 들면 "명동 스타벅스에서 만나자" 하면 그곳에서 데이트가 이루어지고 즐기다가 헤어지면 된다.

    하지만 미국은 도시의 중심가 문화가 한국과 달라서 오후 5시 이후나 주말에는 도심이 텅 비어 있거나 철시한 상태다. 미국에서의 데이트는 파트너와 함께 파티에 참석한다거나, 저녁을 먹으러 나가거나, 공원에 즐기러 간다는 식인데 자동차 없이는 이동이 불가능하다. 그뿐만 아니라 자동차 안은 다방과 같아서 차 안에서 모든 대화가 이뤄지고 심지어 차 안에서 첫 키스도 일어난다.

    미국에서 데이트의 필수요건으로는 차가 있어야 한다. 하지만 차가 없어도 방법은 있다. 상대방의 차를 활용하는 방법을 연구해볼 수도 있고 자동차 있는 친구가 데이트하러 나갈 때 두 사람이 동승하는 방법도 있을 수 있다. 사랑에 빠지면 이런저런 아이디어가 샘솟는다.

09 결혼과 예식장 문화

 미국에는 결혼 예식장이 없다. 미국인들의 전통 결혼 예식은 교회에서 한다. 지금은 야외에서도 하고 호텔이나 고급 레스토랑에서도 하지만 미국인들의 전통적인 결혼 예식은 교회가 기본이다. 한국에 있는 결혼 예식장이나 대중목욕탕은 일본 점령기에 들어온 문화다.
 미국에서는 법적으로 결혼식과 장례식은 반드시 성직자만이 집례할 수 있다. 성직자가 아닌 사람이 주례를 서려면 임시 성직자증(Ordained Minister)을 취득해야만 한다. 임시 3일짜리 '올데인드 미니스터' 자격증은 결혼에 관한 간단한 법규를 공부하면 누구나 딸 수 있다. 주례사는 하고 싶은 대로 해도 되지만, 주례사 끝에는 반드시 하나님 앞에서 맹세한다는 문구를 빼먹어서는 안 되기 때문에 다음과 같은 식의 선서를 해야만 한다.
 "오늘부터는 좋을 때나, 나쁠 때나, 부자일 때나, 가난할 때나, 건강할 때나, 병들었을 때나, 죽어서 헤어질 때까지 사랑하고 돌봐줄 것을 하나님 앞에서 맹세합니다."

10 신부 샤워(Bridal Shower)와 베이비 샤워(Baby Shower)

전통적으로 결혼식 전에 신부 샤워는 기본이다. 일반적으로 신부의 여성 친구 및 가족 구성원이 부엌용품, 린넨 및 침구, 도자기 및 식기류와 같은 새 살림을 꾸리는 데 필요한 집기들을 선물하는 기회이다.

같은 선물이 겹치는 걸 방지하기 위하여 온라인에 신부가 원하는 선물 종류 리스트를 올려놓고 고르도록 한다. 때로는 구매할 백화점도 지정해주면 친지들은 리스트 중에서 하나를 골라 택배로 보낸다. 적당하고 합리적인 가격대에서 리스트를 작성하지만 그래도 선물의 가격 차이가 있기 마련이다. 친구나 친지들은 선물 리스트를 받자마자 가격을 비교하고 마음에 드는 물건을 골라서 선물한다. 이미 선택된 선물은 리스트에서 삭제되기 때문에 우물쭈물하다 가는 리스트에 비싼 선물만 남은 상태에서 골라야 하는 어려움이 있다.

선물은 신부네 집에 배달되고 어느 날 신부 샤워를 연다. 간단하게 케이크와 드링크를 차려놓고 친구와 친지들이 모여서 선물박스를 뜯어보는 즐거운 시간을 갖는 게 신부 샤워이다.

근래에는 웨딩 샤워라는 것도 있는데 결혼식 전에 이미 많은 커플이 함께 살고 있는 요즘, 샤워는 두 사람의 친구와 가족이 공유하는 커플의 축하가 되도록 진화해서 신부 샤워 대신 웨딩 샤워를 하는 경우도 있다.

신부 샤워가 있는가 하면 베이비 샤워도 있다. 베이비 샤워는 새로 태어날 아기를 축하하기 위한 파티이다. 간단한 포틀럭 파티로 준비하는 것도 좋은 방법이다. 일부 가정에서는 어머니가 임신 7개월 때 베이비 샤워를 연다. 7개월이 지나면 아기와 엄마가 안전한 단계에 있다고 믿기 때문이다. 어떤 가정에서는 8개월이 끝날 때 여는 경우도 있다.

베이비 샤워에 초대받은 사람은 아기에게 필요하거나 아기를 위한 선물을 들고 베이비 샤워장에 모인다. 선물박스를 뜯어보면서 즐거운 시간을 공유한다.

11 포틀럭(Potluck) 파티

　미국에서는 한국서처럼 밖에서 만나는 문화가 아니어서 늘 가정 중심으로 돌아간다. 퇴근 후에 밖에서 만나지 못하는 것을 어디에선가 만나야 한다. 미국에서 파티가 많은 이유이다. 회사에서 직원과 가족이 모이는 파티가 있는가 하면 친지들이 모이는 각종 파티도 있다.

　파티에서 음식을 차리는 번거로움을 덜기 위해서 포틀럭 파티를 즐기는 편이다. 점심이나 저녁 포틀럭에 초대받은 사람은 식사에 어울리는 음식 하나를 만들어서 가지고 가면 된다. 때로는 주최 측에서 몇 명분인지 음식은 무엇을 해오라고 정해주는 경우도 있다. 파티는 모두 함께 즐거운 시간을 갖자는 것이기 때문에 음식도 그것에 맞게 만들면 환영받는다.

12 혼전 약정서(Prenuptial Agreement)

한국인 엄마한테서 태어난 미국 축구선수 하인즈 워드는 고등학교 때 스위트 하트와 결혼했다. 하인즈는 '혼전 약정서(Prenuptial Agreement)' 같은 건 필요 없다고 했지만, 그의 어머니 김영희 여사의 주장으로 '혼전 약정서'를 작성했다.

비틀스의 폴 매카트니(Paul McCartney)가 두 번째 부인 히터(Heather Mills)와 이혼할 때 '혼전 약정서'를 쓰지 않았기 때문에 그의 재산을 반으로 나눠 가져야 했다. 말이 재산의 반이지 자그마치 6,000억 원을 위자료로 준 셈이 된다. 재혼해서 불과 4년 살다가 이혼하면서 재산 반을 줘야 하는 억울함(?)이라고나 할까.

당시 영국에서는 '혼전 약정서'를 법적으로 인정하지 않았다. 그 후 영국도 법을 바꿨다. 영국 왕세자 윌리엄의 결혼 때에는 '혼전 약정서'를 작성했다고 한다. 돈 많은 사람들은 결혼할 때 '혼전 약정서'에 세부 조항을 일일이 나열해 놓고도 불안을 떨치지 못한다.

13 인디언 썸머(Indian Summer)와 인디언 트레이드(Indian Trade)

캘리포니아에는 '인디언 썸머'라는 게 있어서 9월 중순이 되면 며칠간 한여름처럼 더위가 휩쓸고 간다. 분수에 맞지 않는 일을 가지고 우겨대는 인디언들을 빗대서 '인디언 썸머'라고 부르는 속어다.

그런가 하면 '인디언 트레이드'라는 속어도 있다. 이 말은 주었다가 도로 뺏는 행위를 일컫는다. 신사적으로 한 번 줬으면 그만이지 줬다가 뺏는 비신사적인 행위를 얕잡아서 하는 속어다. 'Indian Trade', 'Indian Trader', 'Indian Giver'라고도 한다. 공식적으로 혹은 점잖은 자리에서 쓰는 말은 아니지만, 아이들이 놀 때는 흔히 쓴다.

"Don't Be An Indian Giver."

14   카피 캐터(Copy Cater)

아이들이 어렸을 때 노는 걸 보면 한 아이가 재미있게 놀면 다른 아이는 그것을 보고 따라한다. 한국에서 배우기를 "모방은 창작의 어머니다"라는 말을 많이 듣고 자랐다. 하지만 미국에서는 모방은 놀림의 대상이다.

다른 아이와 똑같이 말하거나 똑같이 하는 아이를 싫어하고 따돌린다. '카피 캐터'라고 놀린다. 놀리기만 하는 게 아니라 혐오한다. 그 아이와는 놀아주지 않는다. 모방해서는 안 되고 엉성하고 어설프더라도 자기의 독창성이 나타나야 한다. 미국이 발달하는 근본적 이유로 보인다.

15 대학 캠퍼스나 주택가에서 흔히 볼 수 있는 야생동물

 미국 주택가나 대학교 교정은 널찍하게 자리 잡고 있어서 주변에는 나무가 많다. 숲이 우거져 있기도 하고 넓은 잔디밭과 고목들을 흔히 볼 수 있다. 나무가 많으니 자연스럽게 야생동물도 많다.
 골프장에 노루나 사슴은 물론이고 여우도 나타난다. 부엉이가 새끼를 낳은 둥지가 있는가 하면 스컹크도 있고 야생 토끼에 뱀도 흔하다.
 청설모와 다람쥐는 다르다. 청설모는 다람쥐보다 몸집이 크고 꼬리를 내리고 있다. 다람쥐는 몸집도 작고 꼬리를 위로 말아 올렸다. 흔히 한국인이나 학생들은 청설모를 다람쥐로 착각하는데 청설모와 다람쥐는 엄연히 다른 종류이고 청설모는 겁이 없어서 사람들과 어울려 살기도 하지만 다람쥐는 겁이 많아서 잘 접근하지 않는다.
 집 근처에서 청설모는 흔히 보는 동물이고 각종 새도 흔하다. 호숫가에는 오리나 기러기도 많고 가끔 노루가 동네에 나타난다. 때로는 여우도 보이고 '라쿤'이라고 해서 너구리과 동물이 집 천장에 둥지를 트는 예도 많다.

16 동물 울음소리는 영어로 어떻게 표현하나?

동물의 울음소리는 우리말과 영어에서 표현하는 말이 다르다. 동물의 다양한 울음소리를 영어로는 어떻게 표현하는지 함께 살펴보자.

동물의 소리	한국	미국
양	"매~"	"baa - 배~"
개	"멍 멍"	"woof - 우프 우프"
벌	"윙 윙"	"buzz - 버즈"
호랑이	"으르렁"	"grr - 그얼 또는 걸~"
돼지	"꿀 꿀"	"oink - 오잉크"
고양이	"야옹 야옹"	"meow - 미야오 미야오"
소	"음매~"	"moo - 무~"
오리	"꽥 꽥"	"quack - 크왁 크왁"
쥐	"찍 찍"	"squeak - 스뀌익 스뀌익"
말	"히힝~"	"neigh - 네이~"
새	"짹짹"	"chirp - 철프 철프"
수탉	"꼬끼오 꼬꼬"	"cock-a-doodle-doo - 칵케두들두~"
부엉이	"부엉 부엉"	"hoot - 후트 후트"
비둘기	"구구구"	"coo - 크우 크우"
까마귀	"까악 까악"	"caw - 카아 카아"

17 영주권 취득 방법

　세계 여러 나라 사람이 이민 가서 살기 좋은 나라로 미국을 가장 선호한다. 그 다음이 캐나다, 호주 등의 순이다. 미국은 자유와 기회가 보장되기 때문에 꿈을 그릴 수 있는 것이 가장 큰 이유일 것이다.
　미국에 공부하러 온 사람이나 방문차 온 사람 또는 업무상 미국에 머물렀던 사람 중에 일부는 그냥 미국에 주저앉기를 원한다. 미국에서 합법적으로 살려면 영주권이 있어야 한다. 영주권은 미국에 영주할 수 있는 권한이다.
　영주권이나 시민권은 두 가지 권한만 다를 뿐 다른 면에서는 동일하다. 영주권이나 시민권이 지닌 국가에 대한 의무는 같다. 다만 영주권은 투표권이 없으며 시민권과 달리 해외 체류 기간에 제한이 있다.
　영주권이란 의미 자체가 미국에 영주할 수 있는 권한을 일컫는 것이지 해외에 거주하는 권한을 주는 것은 아니다. 영주권자는 생활의 기반을 미국에 두고 살아야 한다. 한국에 기반을 두고 오래 머물 수가 없다.

미국에 거주하면서 영주권이 있는 것과 없는 것은 하늘과 땅 차이다. 미국이라는 나라 자체가 정직하고 건실한 국민은 철저히 보호하고 도와주지만, 불법을 저지르는 사람은 잔인하리만치 무차별하게 다스리고 처벌한다. 불법체류자들이 바로 불법을 저지르는 부류에 속하기 때문에 단속과 관리 대상에 들어 있다.

영주권을 취득하는 방법으로는 이민법상 여러 방법이 있으며 스스로 터득하려 들기보다는 전문가를 통하는 길이 당연하다. 마치 아프면 의사를 보아야 하는 것처럼 법률에 관한 문제는 법률 전문가에게 문의하는 게 원칙이다. 다만 여기서는 이민의 개요만 설명하겠다. 미국 이민 중에는 다음과 같은 여러 방법이 있다.

첫째, 직계가족 이민

미국 시민의 직계가족 즉 시민권자의 배우자, 21세 이하의 자녀, 시민권자의 직계 부모가 해당이 되며 직계가족을 위한 이민 비자는 수적인 제한(할당)이 없다. 따라서 이들은 신청하는 대로 기다림 없이 바로 비자를 받을 수 있다.

둘째, 가족 초청 이민

직계가족 이외의 미국에 사는 가족이 초청하여 허락되면 이민 비자를 받게 되는데 이 카테고리는 4가지 우선순위로 분리되어 있으며 수적인 제한이 있으므로 초청인이 신청한 후 순서가 될 때까지 기다리는 기간이 있다. 대상자는 시민권자의 성인 자녀나 형제자매 그리고 영주권자의 배우자 및 미혼 자녀들이다.

셋째, 취업 이민

취업 이민은 과학, 예술, 교육, 사업 및 체육 등에 특출한 능력을 갖춘 자, 뛰어난 교수 또는 연구원, 다국적 기업의 대표 또는 임원, 고등교육학위(Advanced Degree)를 가진 전문가 또는 과학, 예술, 사업에 우수한 능력을 갖춘 사람, 공급이 부족한 숙련 노동자, 학사학위 소지 전문가, 기타 공급이 부족한 노동자, 일부 특별 이민자로 종교의 성직자와 종교기관의 직원들이다.

넷째, 투자 이민

최소 100만 달러 투자로 인해 10명 이상의 고용 창출(정부가 지정한 고실업률 지역 또는 농촌 지역에 투자할 경우는 US 50만 달러)을 가져올 수 있는 사람 등으로 구분된다.

다섯째, National Interest Waiver(NIW) 이민

국가 국익에 부합한 사람으로 고용 상태를 면제해주는 제도이다. 미국 시민권 및 이민 서비스국(USCIS)은 이민 신청자가 미국에 매우 중요하기 때문에 취업 근로자 이민 순위와는 무관하게 결정하는 제도다. 따라서 고용주 후원 및 노동 인증 요건을 '웨이브'하거나 따로 설정한다.

영주권 취득을 위해서는 석사학위나 박사학위 취득이 유리하다. 한편 음주운전 2번 적발 시 영주권과 시민권을 못 딴다. 연방 이민 서비스국(USCIS)은 2회 이상 음주운전 전력이 있는 이민자들에 대해 영주권과 시민권 등 모든 이민 혜택을 거부할 수 있도록 한 새로운 지침을 발표했다.

USCIS는 단순 음주운전이라도 2회 이상 적발된 경우, 영주권이나 시민권 신청이 거부될 수 있는 엄격한 가이드 라인을 적용하기로 했다. 특히 서류 미비 이민자의 경우에는 추방유예 혜택까지 박탈된다.

2회 이상 음주운전에 적발됐다고 해서 영주권이나 시민권 신청이 모두 거부되는 것은 아니다. USCIS는 2회 이상 음주운전에 적발됐더라도 다른 범죄가 없거나 도덕성을 입증할 만한 증거가 있는 경우는 음주운전 전력을 극복할 수도 있다.

18 연도별 한인 영주권 취득

주요 연도별 한인 영주권 취득

회계연도	취득 수
2000	15,830명
2006	24,386명
2009	25,859명
2012	20,846명
2015	17,138명
2018	17,549명
2021	12,236명

(자료 : 국토안보부)

지난해 영주권을 신규 취득한 한인 이민자 수가 2000년대 들어 최저 수준을 기록한 것으로 나타났다. 연방 국토안보부(DHS)가 최근 공개한 2021 회계연도(2019년 10월 1일~2020년 9월 30일) 신규 영주권 취득 현황에 따르면 이 기간 캘리포니아를 비롯한 미 전국에서 영주권을 취득한 한인 이민자 수는 전년 동기보다 24.7% 감소한 12,236명으로 집계됐다. 이는 2000년대 들어 가장 낮았던 지난 2003년

12,382명보다도 적은 수치이다.

이민 전문가들은 이에 대해 지난 2020년 초 불어닥친 코로나19 사태의 직접적인 타격을 받은 것으로 풀이하고 있다. 실제 코로나19 팬데믹 발생 이후 이민 서비스국이 폐쇄되는 등 이민 업무가 비정상적으로 운영돼 왔다.

한인 영주권 취득 추이를 보면 2000년 15,830명에서 2001년 20,741명, 2003년 12,382명, 2004년 19,441명 등으로 증감을 반복하다 2006년 24,386명, 2008년 26,666명으로 증가세를 이어가다 2016년 이후 2만 명선 붕괴와 함께 2018년 17,676명, 2020년 16,244명 등 지속적인 감소세를 보인다.

2021 회계연도 신규 영주권 취득을 분기별로 보면 1분기 2,758명, 2분기 2,337명, 3분기 2,976명, 4분기 4,465명 등으로 조사됐다. 출신 국가별로는 한국 출신의 영주권 취득 건수는 14번째였다. 멕시코가 106,994명으로 최다였고, 인도 92,580명, 중국 49,690명, 필리핀 27,458명, 도미니카 공화국 24,139명, 엘살바도르 18,576명, 브라질 17,952명, 베트남 16,125명, 캐나다 15,294명, 콜롬비아 14,977명 등의 순이었다.

한편 지난해 미국 내 전체 영주권 취득자는 740,002명으로 전년도 707,362명보다는 소폭 증가한 것으로 집계됐다.

19 취업비자, 유학생에겐 하늘의 별따기

전문직 취업비자(H-1B) 소지자가 영주권 신청을 한 경우 그 배우자(H-4)까지도 미국 내에서 합법적으로 취업할 수 있도록 노동허가(EAD)를 발급해주는 이민 당국의 정책이 적법하다는 연방법원의 판례가 나와 있다.

문제는 한인 유학생이 전문직 취업비자(H-1B)를 어떻게 받느냐이다. 학생비자(F-1)를 가진 학생이 학업을 마치고 현장학습을 위한 노동허가 OPT(Optional Practical Training)를 받아야 하는데 이게 쉽지 않다.

STEM, 즉 과학(Science), 기술(Technology), 공학(Engineering), 수학(Mathematics) 분야를 전공한 사람은 3년이란 OPT 기간을 주지만, 인문이나 다른 전공자의 경우에는 OPT를 1년만 준다. 다시 말하면 정치학이나 비즈니스 등 인문학 전공자의 경우 OPT가 시작된 후 1년 이내에 취업비자(H1-B)를 받아야 한다.

예전에는 스폰서 업체가 있고 H1-B를 신청하면 취업비자를 받을 수 있었는데 요즘은 추첨 과정을 거쳐야 한다. 3월에 추첨을 신청하는데 만약 거기서 떨어지면 1년을 더 기다려야 한다.

　기다린다는 것은 내년 H1-B 추첨 과정에 참가하기 위해서 울며 겨자 먹기로 F-1 비자를 갖고 있어야 한다. F-1 비자를 유지하기 위해서 I-20을 발급하는 학교에 입학해서 학생비자를 유지해야 한다는 뜻이다.

　설혹 3월에 H1-B 추첨에 신청했다손 치더라도 추첨에서 승인될 확률은 25% 정도다. 추첨이 확정되면 내년 4월에 H-B 신청에 들어가고 6개월 뒤인 10월 1일부터 H1-B로 취업할 수 있다.

　H1-B 스폰서를 해주는 기관도 세금 보고를 제대로 하는 회사라야 스폰서를 해주는 자격이 되기 때문에 스폰서를 해준다고 해도 스폰서를 해주는 회사의 자격 여부를 알아봐야 한다.

　이민 변호사의 설명으로는 "H1-B 스폰서를 해주는 회사에 대해서도 알아보고 일을 시작해야 한다"면서 "H1-B 스폰서를 해줄 수 있는 자격이 안 되는 회사에서 일하게 되면 시간만 낭비하는 꼴이 된다"라고 말했다.

　H1-B 신청을 하지 않고도 영주권을 바로 신청하는 방법도 있다. 문제는 학사학위를 받고 영주권 신청하면 2년은 걸린다는 게 문제다. 기다리는 2년 동안에 합법체류 신분을 유지하는 방법을 강구해야 한다.

　유학생이 영주권을 취득하기 위해서는 이민 전문 변호사와 의논

하는 게 좋다. 어느 분야이든 전문가가 따로 있기 때문이다. 하지만 어떤 지혜도 행운을 이기지는 못한다.

20 유학생, 비거주자의 세금 보고

미국에서 세금 보고는 지난해 소득을 매년 4월 15일까지 국세청에 보고해야 한다. 세금 보고는 연방소득세와 주정부 소득세로 나눠서 보고한다. 미국 시민권자나 영주권자는 세계 어디에서든 소득이 있으면 보고해야 한다. 하지만 유학생이나 비거주자는 미국에서 발생한 소득에 대해서만 납세의무가 있다.

따라서 유학생의 세금 신고와 관련해서는 먼저 본인이 세법상 미국의 거주자인지 비거주자인지를 구분해야 한다. 왜냐하면 이에 따라 유학생이 신고해야 할 소득의 범위와 신고 방법 등이 달라지기 때문이다. 유학생이나 비거주자는 임금, 팁, 장학금, 연구비, 배당금 등이 과세 소득에 포함된다. 유학생은 당국의 승인 없이 근로를 제공하고 대가를 받는 것은 이민법에 저촉되는 행위이기 때문에 당국의 승인을 받은 경우에만 제한적으로 미국에 소재하는 학교를 통해서 근로 또는 인적 용역을 제공하고 보수를 받을 수 있다.

이렇게 미국 내에서 근로를 제공하고 받은 보수는 미국에서 발생한 소득에 해당하기 때문에 유학생은 이 소득을 미국에 신고해야 한다. 단, 한국 유학생의 경우 한미조세조약에 따라 미국 도착일로부터 5과세연도(Five Taxable Year) 동안 인적 용역 소득 중 매년 2,000달러(학생에 따라 5,000달러 또는 1만 달러)를 초과하지 아니한 금액에 대해 비과세 혜택을 받을 수 있다.

비거주자인 유학생이 미국 정부, 미국 회사, 미국의 거주자로부터 받은 장학금은 미국에서 발생한 소득으로 간주하기 때문에 신고 대상에 포함된다. 그러나 미국 외의 다른 나라 또는 국제기구 등으로부터 받은 장학금은 미국에서 발생한 소득이 아니므로 미국에 신고할 필요가 없다.

또한 장학금 중 '일정 요건을 갖춘 장학금'에 대해서는 세금을 부과하지 않는데 비과세 되는 장학금이란 학위 과정의 학생이 장학금 중 학비, 등록비, 교재, 기타 학과 과정에 필요한 기자재 등에 지출한 비용을 말한다.

그러나 주거비, 교통비, 연구비 등에 지출한 금액은 과세할 수 있으며 또한 장학금을 받는 대가로 용역을 제공하는 경우 장학금 중 용역 대가에 해당하는 금액은 장학금이 아닌 근로소득으로 간주하여 면세 규정을 적용받을 수 없다.

단, 한미조세조약에 따르면 미국 입국 당시에 한국 거주자였던 학생이 5사업연도를 초과하지 아니한 기간 동안 받은 교부금, 수당 또는 장려금은 전액 비과세하게 되어 있기 때문에 미국 세법에 의해 과세하는 장학금이라도 한미조세조약에 의해 비과세할 수 있다.

21 원정출산의 매력

미국으로의 원정출산은 역사가 길다. 미국 정부의 단속은 물론 산모 출신 국가에서도 단속하지만 좀처럼 수그러들지 않는다. 일본을 위시해서 유럽의 선진국에서 미국으로 원정출산을 시도하는 예는 없다.

원정출산은 주로 개도국 산모들이 주축이 되어 있다. 전통적으로 한국, 터키, 중국, 러시아, 나이지리아와 같은 나라에서 유행병처럼 번지는데 지금은 중국이 가장 극성을 부린다.

이민연구센터(CIS)에서 발표한 보고서에 따르면 지난해 미국에서 이민자 부모 사이에서 태어난 신생아는 연평균 372,000명이다. 이중 학생, 사업, 관광 등 비이민 비자를 소지한 이민자 가정에서 태어난 신생아는 39,000명이며, 관광비자를 받고 입국해 출산한 신생아 규모도 33,000명에 달한다.

미국인들은 이렇게 태어나 미국 시민권을 받은 아이는 연방정부가 제공하는 사회복지 혜택을 받기 때문에 원정출산에 따른 미국인 납세자들의 부담은 점점 커질 것이라며 우려하는 목소리가 높다. 하지만 원정출산이 끈질기게 이어지는 것은 그만큼 매력이 있기 때문이다.

원정출산의 매력으로 첫째는 병역 기피이고, 둘째는 미세먼지와 가혹한 학교 경쟁을 피해보자는 것, 셋째로 합법적으로 미국 부동산 취득이 가능하다는 것, 넷째로 아기가 성인이 되면 미국에 부모 초청 이민이 가능하다는 점을 들 수 있겠다. 그리고 궁극적인 목적은 경쟁이 덜 심한 사회, 행복한 세상을 찾아가는 데 있다.

한국 정부는 원정출산으로 이중 국적을 갖는 사례가 매년 5,000~7,000명에 달하는 것으로 추정하고 있다. 이는 지난 2008년 한국 내 신생아 466,000명의 1%를 넘는 수치다.

지금은 중국에서 미국으로의 원정출산이 극성을 부린다. LA 지역은 물론이려니와 미국령인 괌과 사이판으로도 몰리고 있는 실정이다. 최근 CNN 보도에 의하면 홍콩발 사이판행 여객기 승객에게 탑승 전 임신 여부를 테스트하도록 요구한다는 사실이 보도되었다. 미국령인 사이판은 지난 수년간 관광을 명분으로 입국해 출산하는 여성이 늘어나 골치를 앓아왔다. 사이판은 중국인이 비자 없이 입국할 수 있는 유일한 미국 땅이기 때문이다.

2018년 한 해에 중국 여성 관광객이 사이판과 인근 열도에서 출산한 아기가 575명에 달한다. 이는 중국인 비자면제제도가 실시된 2009년 12명이었던 것에 비하면 5,000% 가까운 증가 수치다. 드디어 사이판 정부는 중국인에 대하여 무비자 체류 기간을 45일에서 15일로 줄였다.

한편 LA 근교 어바인에서 중국 부유층 산모를 대상으로 대규모 원정출산 알선업체를 운영하다 비자 사기 혐의로 기소됐던 '유 윈 USA' 대표에게 85만 달러 벌금과 10개월 실형을 선고한 바 있다. '유 윈 USA' 대표 이 씨는 지난 2013~2015년 사이에 원정출산 알선업체를 운영하면서 아파트 20곳을 임대, 500명이 넘는 중국인 산모들에게 미국 입국부터 출산까지 숙식을 제공했다. 이 씨는 산모 1인당 4만 달러에서 8만 달러의 수수료를 받아 300만 달러의 부당 이익을 챙긴 것으로 기소됐었다.

한국이라고 해서 다르지 않다. 이미 보도된 대로 한국을 대표하는 항공사 친인척의 원정출산을 비롯해서 사회적으로 이름이 알려진 인사들의 자제들이 외국 국적 소지자라는 것은 이미 알려진 사실이다.

미국에 친인척이 있으면 도움이 되겠지만 꼭 그럴 필요도 없다. 서울 강남에는 원정출산 업체 10여 곳이 성업 중인 것으로 알려졌다. LA에만도 한국인 조산원이 여럿 있어서 그들에게 도움을 청하면 곧바로 안내해준다. 원정출산 비용도 다양해서 VIP 고객의 경우 7만 달러를 부르기도 하지만, 평균 2만 달러에서 3만 달러 수준으로 알려져 있다.

절약하려면 얼마든지 적은 비용으로 감당할 수도 있다. 한국인에게 사실을 알리고 싶지 않다면 구태여 한국인을 통하지 않고도 얼마든지 가능하다. 아파트를 얻어 전기, 가스, 수도를 연결하면 자동으로 주소 증명 서류를 만들 수 있다.

메디케이드(영세민 보조)에 도움을 청하면 신분을 물어보지 않고, 특별한 법적 절차 없이도 영세민을 대상으로 진료하는 병원에 드나들 수 있다. 출산 비용은 메디케이드에서 처리해준다. 메디케이드에서 처리해주었다고 하더라도 그것은 빚이 돼서 언젠가는 갚아야 한다.

출산과 동시에 아기는 병원에서 자동으로 미국 국적 등록이 된다. 동시에 소셜 번호를 신청하고 우체국에서 미국 여권을 신청하면 2주 후에 아기 여권이 나온다.

원정출산 서비스 업체들은 미국 대도시에 널리 퍼져 있으며 한인이 많이 거주하는 LA나 하와이가 대표적 지역이다. 현재 하와이 지역 원정출산 업체는 웹사이트를 운영하면서 대대적 홍보를 하기도 한다.

원정출산 업체나 산후조리원에 직접 부탁하면 공항 픽업부터 출산, 산후조리, 아기 시민권 취득, 소셜 번호 발급, 여권 발급까지 해결해준다. 조산원과 연계된 한인 산부인과도 있어서 말이 미국이지 한국어로 모든 게 해결되기 때문에 불편할 게 없다.

한국 정부에서 이중 국적을 허용하지 않는다고 했지만 크게 걱정할 필요 없다. 한국은 법이 수시로 바뀌기 때문에 아기가 자라는 동안 어떻게 변할지 모른다. 설혹 지금의 법이 그대로 유지한다고 하더라도 미국 시민권을 소유한 아기가 한국에서 병역 의무를 마치면 이중 국적이 법적으로 유지된다.

미국은 수정헌법 14조에 따라 미국 영토에서 출생한 아이에게 시민권을 부여하게 되어 있다. 하지만 이민자 유입을 차단하려는 트럼프 대통령은 원정출산을 막으려는 필사의 노력을 기울이고 있다.

미국을 단기간 방문할 경우 발급하는 'B 비자' 발급 요건을 강화하는 방안이다. 원정출산이 의심될 경우 비자 발급을 거부하는 제도를 도입하겠다는 거다. B 비자는 사업 목적의 B-1 비자와 관광 목적의 B-2 비자로 분류되며 180일간 미국에 체류할 수 있다. 문제는 순수한 관광이나 사업 목적으로 방문하는 임신 여성처럼 출산과 무관한 방문자들을 제한할 수 있다는 허점이 있어서 고민이다.

한국 외무공무원의 가족(배우자, 자녀)이 외국 국적을 취득할 경우 외무부 장관의 승인을 받아야 했던 것을 새 국적법 개정으로 신고만 하도록 개정함으로써 이중 국적인 외무공무원 가족이 급증하고 있다. 법 개정 전인 2010년에 복수 국적 외무공무원 가족이 90명이던 것이 법 개정 후 복수 국적 외무공무원 가족은 181명으로 늘어났다.

22 원정출산 후 아이 이름 지어주기와 교육

신생아가 태어나면 부모는 아기의 사회보장번호를 발급받기 위해 SSA(Social Security Administration)에 출생증명서를 제출한다. 사회보장국의 최신 데이터에 따르면 2022년 미국에서 364만 명의 아기가 사회보장카드를 발급받았다. 미국 사회보장국 통계에는 남아 이름 18,993개와 여아 이름 13,959개가 존재한다.

지난해 미국에서 출생한 아기에게 가장 많이 붙여진 이름은 아들의 경우 리암, 딸의 경우 올리비아로 나타났다. 연방 사회보장국(SSA)은 '2022 전국에서 가장 큰 인기를 얻은 신생아 이름 탑 10' 목록을 공개하면서 리암과 올리비아를 남녀 부문 각각 1위로 소개했다.

리암은 SSA가 매년 발표하는 '인기 있는 아기 이름' 순위에서 2017년 이후 6년 연속 1위를 차지했다. 올리비아도 2019년부터 4년째 1위 자리를 지켰다.

Rank	Male name	Female name
1	Liam	Olivia
2	Noah	Emma
3	Oliver	Charlotte
4	James	Amelia
5	Elijah	Sophia
6	William	Isabella
7	Henry	Ava
8	Lucas	Mia
9	Benjamin	Evelyn
10	Theodore	Luna

원정출산 후 아기를 부모가 사는 한국으로 데리고 온 다음 교육은 어떻게 할 것인가? 아이가 미국 시민권을 가지고 있어서 한국 학교엔 입학이 안 된다. 외국인 학교나 국제 학교에 입학해야 한다.

2023년 현재 한국에 외국인 학교는 3개이고 국제 학교는 6개가 있다. 학교들은 1학년에서 12학년까지 있다. 국제 학교는 주로 제주도에 있어서 부모와 자식이 같은 한국에서 살더라도 마치 유학 가서 학교에 다니는 것과 같다.

문제는 학생에게 드는 돈이 만만치 않다는 점이다. 국제 학교 1년 학교에 다니는 경비가 보통 5만 달러를 상회한다. 서민으로서는 감당하기 힘든 액수다. 외국인 학교 1년 경비는 대략 3만 5천 달러가 든다.

등록금만이 문제가 아니다. 서울에서 110년의 전통을 자랑하는 '서울 외국인 학교'를 예로 들면 학생 수가 1,555명이다. 그중에서 미국인 학생이 50%이고 나머지 50%는 55개국 학생이다. 주로 한국인 학생이 많다.

미국 시민권자인 나의 친척 중의 한 집을 소개하면 직장이 수원 삼성전자에서 근무하는 바람에 가족이 수원에서 살았다. 아이가 학교에 들어갈 나이가 돼서 외국인 학교에 보냈다.

아이에게 들어가는 학비도 문제지만 같은 반에 한국 학생이 많아서 영어 습득이 여의치 못했다. 결국 2년을 다니다가 미국으로 돌아왔다. 미국에 와서도 학교에 들어가지 못하고 학원에서 영어만 2달간 배웠다. 그리고 한 학년 밑으로 입학했다. 지금은 오히려 한국어를 잊어버려서 걱정이지 영어는 모두 익혔다. 원정출산 후에 아이 교육이 얼마나 어려운지 미리 살펴보고 결정하는 것이 좋다.

23 직장은 얼마든지 있는데…

　코로나19 사태가 터지면서 병원은 위험한 곳으로 지정되었고 되도록 피했다. 백신도 맞았겠다, 정기 검진도 하라고 통지받았겠다, 맘 놓고 들렀다.

　병원에 사람이 적은 게 예전과는 다르게 보였다. 한산하다는 표현이 맞을 것이다. 병원이 커서 입구가 두 군데인데 코비드 백신과 코비드에 관한 환자는 서문을 사용하고 일반 환자는 남문으로 드나들게 정해 놓았다.

　남문으로 들어서면 손 세정제를 주면서 열도 재고 코로나 이상 유무를 묻는다. 3층 진료실에 대기자도 몇 명 안 된다. 대기실 의자엔 삼각 모자를 씌워 놓고 한 사람 건너 앉게 했다. 드문드문 앉아 있는 사람들은 모두 마스크를 쓰고 있다. 그것도 각양각색 여러 가지 다른 모형으로, 다른 색깔로. 모두 마스크를 쓰고 말하기 때문에 무슨 말인지 웅얼대는 것 같다.

　병원에 갈 때마다 느끼는 거지만, 간호사나 보조 간호사 내지는 의료 기술자들은 대부분이 필리핀 사람들이다. 접수처에서 일하는 리셉션니스트는 미국인이지만 그 외의 종사자들은 필리핀 사람들이 많다. 필리핀 사람들은 어떻게 인건비 비싼 고급 직장을 차지하는가?

첫째, 필리핀은 초등학교부터 영어를 배우기 때문에 다들 영어를 잘한다. 미국에서 간호사 인력은 늘 부족하다. 어제오늘의 일이 아니라 지난 수십 년 동안 계속해서 인력 부족 현상이다. 모자라는 인력을 수입해다 쓰는데 거의 필리핀에서 온다. 심지어 미국 군대 병원 간호 장교들도 거의 필리핀 여자들이다. 오늘 내가 진료실에서 만난 간호사 두 명도 필리핀 여자이고, 심전도 검사를 하는 의료 기술자도 필리핀 남자였다.

한국에 젊은이는 많고 직장은 없어서 쩔쩔매는데 이것은 교육이 잘못돼서 그런 것 같다. 글로벌 시대에 맞게 산 영어를 교육해서 선진국 어디에서나 어울려 일할 수 있는 인력을 키운다면 얼마나 좋을까? 세계 도처에서 적합한 인력을 찾지 못해 안달하는데 그런 직장에 도전할 수 있는 교육이어야 할 것이다.

미국 국무부가 발표한 최근 영주권 문호에서 취업 이민은 전 순위에서 '오픈' 상태다. 취업 이민으로는 '글로벌 기업 간부나 직원', '석사학위자, 5년 이상 경력자', '전문직(의사, 간호사 포함), 숙련공, 학사학위', '종교인' 등 모든 분야가 다 열려 있다. 문제는 영어가 필수라는 점이다. 영어를 현지인처럼 할 수만 있다면 직장은 얼마든지 있다고 보면 된다.

　십 년 이십 년 금방 흘러간다. 지금이라도 살아있는 영어 교육을 해줌으로써 젊은이들이 취직 걱정하지 않는 사회가 됐으면 좋겠다. 내가 이런 말을 하는 까닭은 영어만 잘하면, 직장은 얼마든지 있다는 걸 말하고 싶어서다.

　한국은 좁은 땅에 인구는 많다. 한국에서 직장을 구하려 들면 자연히 머리가 터지도록 싸워야 한다. 지금은 글로벌 시대이고 세계에 나가 싸우려면 영어가 필수다. 영어 하나만이라도 철저히 가르치는, 써먹을 수 있는 영어를 가르치는 교육이었으면 한다.

　한국에서 간호학 공부를 한 사람이 미국 병원에서 간호사로 일하지 못하는 케이스를 많이 보았다. 실력이 부족해서가 아니라 영어를 못해서 그렇다.

　미국에는 간호사가 늘 부족한데, 필리핀 여자들은 고임금에 간호사 일을 해대는데, 한국에서 간호학을 공부한 사람이 미국 병원에서 직장도 못 얻다니 이게 말이 되는가? 단 한 가지 영어가 딸리기 때문이다.

　영어만 잘한다면 보수도 많고 근무 환경도 좋은 간호사 일자리가 얼마든지 있다. 이런 많은 일자리를 필리핀 사람들이 다 차지하는 것을 보고 안타까워서 하는 말이다.

24 미국에 유학 와서 학위를 딴 다음?

미국 내 한국 출신 유학생이 감소하고 있다. 이민세관단속국(ICE) 발표에 의하면 한국에서 유학 온 대학생은 2021년 58,787명이다. 이 수치는 2020년에 비해서 9,430명(13.8%) 감소한 수치이다. 그런가 하면 2019년에 비하면 15,854명(18.9%) 감소한 수치다. 지난 2년 동안 25,284명이 줄어든 셈이다.

미국에 유학 온 학생이 가장 많은 나라는 중국(348,992명), 인도(232,851명)에 이어 한국은 세 번째로 많다. 미국 내 대학들은 유학생의 감소로 재정적으로 어려움을 겪는 것으로 나타났다. 한편 2021년 유학생 졸업 후 현장실습(OPT) 프로그램 신청자 중 취업에 성공한 유학생은 105,970명으로 지난해 122,699명 대비 13.6% 감소했다.

미국 내 유학생이 감소하는 첫 번째 이유로 코로나 팬데믹을 꼽는다. 코로나19가 장기화하면서 학교 임시 폐쇄와 비대면 강의 등으로 학생이 감소한 것은 맞다. 두 번째로는 고환율이 유학생 회복을 가로막고 있다. 전반적으로 물가 상승과 유학 비용이 커진 상태에서 선뜻 유학길에 나서기가 쉽지 않다. 고환율은 이미 미국에서 공부하고 있는 학생들에게도 지대한 영향을 끼친다.

 이러한 사태는 앞으로도 한동안 이어질 것으로 예상된다. 따라서 유학생 수도 계속 감소할 것으로 보인다. 그런가 하면 고급 두뇌들은 박사학위 취득 후 귀국하지 않는 것으로 나타났다.

미 박사 취득자 잔류의사

국가	비율
네팔	94.6%
이란	92.5%
인도	88.6%
중국	81.7%
대만	80.8%
한국	69.3%

(자료 : NFS 2020년 기준)

 이처럼 미국에 유학한 한국의 고급 두뇌들이 귀국하지 않고 미국에 눌러앉는 사례가 여전한 것으로 나타났다. 미국과학재단(NSF)에 따르면 2010~2020년 미국에서 박사학위를 받은 한국인 이공계 전공자 10,168명 중 계속 남겠다는 의사가 있다는 응답자가 69%에 달했다. 결국 박사학위를 취득한 한인 유학생 10명 중 7명은 한국에 돌아가지 않고 미국에 정착하는 것을 선호한다는 셈이다.

 미국에서 박사학위를 취득한 외국인 유학생들의 평균 미국 잔류 비율은 73%로 아직은 한국 유학생들이 평균치보다는 낮지만, 이런 현상은 갈수록 심화하고 있다고 분석한다. 실제 2010~2013년 박사학위 취득자의 체류의사 비율은 63.0%였지만 2012~2015년 비율은 65.1% 등 갈수록 커지고 있는 양상이다.

박사 취득 후 체류의사가 가장 강한 출신 국가는 네팔로 94.6%에 달했으며, 이어 이란 92.5%, 인도 88.6%, 중국 81.7%, 대만 80.8% 등의 순이다. 한국은 69.3%이다. 이처럼 미국에서 한인 박사들이 귀국을 꺼리는 주된 이유로는 학문 연구 등의 이유로 나타나고 있다.

한국 정부의 이공계 인력 국내외 유출입 실태 보고서 등에 따르면 해외에 유학한 박사들이 미국 등 박사학위를 취득한 국가에 잔류를 선택하는 이유는 다음과 같은 이유 등으로 조사됐다.

① 학문 연구 여건이 좋아서
② 처우 문제
③ 자녀 교육 문제
④ 한국에서의 일자리가 마땅하지 않아서

제2부

한국과 미국의 서로 다른 문화

한국에서 서민들이 사는 집을 아파트라고 부른다. 하지만 미국에서 아파트란 개념은 한국과는 다르다. 미국에서 아파트는 세놓기 위해서 지은 건물이다. 한국서처럼 아파트를 사고팔지 않는다. 30유닛 아파트 건물을 통째로 사고파는 예는 있어도 아파트 한 채를 사고파는 예는 없다.

25　집 안에서 신발을 신는 문화

　미국 문화는 집 안에서 신발을 신는 문화다. 우리는 집에 들어오면 현관에서 신발부터 벗는데 미국인들은 신발 벗는 문화에 익숙하지 않아서 신발을 신은 채로 들어온다.
　현관에 플라스틱으로 만든 신발 덮개를 준비해두었다가 꺼내주면서 신발에 덮개를 씌우라고 가르쳐주면 쉽게 해결된다. 준비된 신발 덮개가 없다면 친절하게 신발을 벗어 달라고 주문해도 된다. 신발을 벗어 달라고 말했다고 해서 예의에 벗어나는 일은 아니다. 어디까지나 우리 문화를 지켜 달라는 주문이기 때문이다.
　미국인들이 집 안에서 신발을 신는 이유는 신발을 벗으면 발 냄새가 난다고 믿기 때문이다. 마치 한국인끼리일망정 남의 집에 가서 양말을 벗는 것은 예의가 아니다. 코리타분한 발 냄새가 난다고 생각하기 때문이다. 식구끼리도 발 냄새 때문에 외출했다가 돌아와 양말을 벗을 때면 발을 씻는 관습이 있다. 미국인들은 집 안에서 신발 벗는 것을 마치 우리가 양말 벗는 것처럼 생각하고 이해하면 된다.

26 미국인들의 화장실과 우리의 화장실

우리나라 가정의 화장실은 밑바닥이 타일로 되어 있고 물 빠져나가는 수챗구멍이 있다. 화장실에서 발도 씻고 걸레도 빨 수 있게 되어 있다. 미국 가정의 화장실은 카펫이나 마루로 되어 있으며 아예 수챗구멍이 없다. 화장실 바닥에 물을 흘려서는 안 되는 구조이다.

한국인에게는 불편하겠으나 미국인들에게는 편리한 구조이다. 집 안에서 신발을 신느냐 안 신느냐에서 다르게 설계된 화장실이라는 것을 이해하면 된다.

27 미국인들의 식기 문화

　미국인들은 음식을 손으로 먹거나 포크를 사용한다. 미국인들도 동양인은 젓가락을 사용한다는 정도는 다 안다. 하지만 금속 젓가락이 한국에만 있다는 사실은 모른다. 한국 특유의 젓가락 문화다. 우리의 전통적인 고급 식기는 유기 그릇에 유기 수저, 즉 놋쇠이다.
　숟가락으로 식사하는 사람은 한국인뿐이다. 미국, 일본, 중국도 숟가락이 있지만, 식사에서 기본 도구로 사용하지는 않는다. 식사 중간에 보조 도구로 사용한다거나 국물을 떠먹을 때 잠시 사용한다. 하지만 우리의 식문화는 숟가락을 기본으로 사용한다. 숟가락으로 밥을 퍼먹고 국에 말아서도 숟가락으로 떠서 먹는다.
　더군다나 밥을 물에 말아서 먹는 한국인을 보는 미국인들은 이해하지 못한다. 우리는 밥을 물에 말아 먹는다고 생각하지만, 옆에서 지켜보는 미국인은 밥을 물에 씻어서 먹는 거로 보인다. 그뿐만 아니라 깻잎으로 쌈을 먹는 걸 보고 고개를 갸웃하는 미국인들이 많다. 잎사귀를 생으로 먹는다고 생각하기 때문이다. 각종 나물이 발달한 나라는 한국뿐이다.

나물은 일종의 일년생 풀인데 한국인들은 양념 문화가 발달해서 나물의 맛을 낸다. 어느 나라보다도 요리가 발달했고 요리를 즐기는 중국인들이 한국 음식을 보고 양념이 많이 들어갔다고 말한다. 이 말은 양념은 한국이 앞서 있다는 말이기도 하다.

28 아파트와 콘도미니엄

한국인이 아파트라고 하는 개념은 미국의 콘도미니엄을 말한다. 미국에는 집단 거주 형태로 아파트, 콘도미니엄, 타운하우스가 있는데 앞에서도 말했듯이 아파트는 세놓는 거주지이고, 콘도미니엄은 한국에서 말하는 아파트이고, 타운하우스는 집단으로 지은 거주지이지만 땅에 근거를 둔 집이다. 아파트와 콘도는 공간을 말하고 타운하우스는 공간과 땅을 겸비했다.

그리고 개인 집은 한국이나 미국이나 같다. 한국은 서민 거의 다가 아파트에서 살고 아파트를 선호하지만, 미국은 서민 거의 다가 개인 집에서 살고 개인 집을 선호한다. 그 이유는 미국은 땅이 넓어서 대지가 흔하고 많다. 조금만 시내를 벗어나면 개발하지 않은 싼 땅이 얼마든지 있다. 건설회사들이 싼 땅을 개발해서 새 집을 짓는 산업이 발달해 있다. 지금까지 그렇게 발달해왔고 앞으로도 얼마든지 지어도 된다.

미국인들은 새 집과 문화를 즐기다가 죽으면 그만이라고 생각한다. 내가 살아봐도 세상은 그런 것이다. 자식들에게 남겨줄 것도 없고 자식들은 그들대로 새 집을 사서 즐기는 것이다.

29 대도시 개념으로 한국과 미국의 다른 점

    서울은 한국에서 최고의 도시이다. 모든 좋은 것들은 서울에 집결되다시피 해 있고 지하철이며 공항, 시내버스, 백화점, 자동차, 대학교 등 최고는 서울에 다 모여 있다. 한국에서 나서 자란 사람들은 다른 나라도 한국과 같다고 생각하기 쉽다. 하지만 그렇지 않다는 것을 깨달아야 한다.

    한국에서 TV 뉴스를 보면 남한 지도를 놓고 일기예보를 한다. 미국에서는 미국 지도를 놓고 일기예보를 한다. 한국인은 남한 지도를 미국과 동일시하는 착각을 불러오기 쉽다.

    미국(9,833,517 sq km)은 남한(99,720 sq km)의 99배 크다. 비교의 대상이 될 수 없다. 한국에서 모든 좋은 것들이 서울에 몰리게 되는 지형학적 이유이기도 하다.

    한국인은 미국도 한국처럼 모든 좋은 것들은 미국의 수도라고 할 수 있는 뉴욕에 모여 있는 것으로 오해하는 경우가 있다. 뉴욕도 서울처럼 최첨단 기술과 최고급, 최신형으로 무장하는 줄로 오해하기

쉬우나 미국은 큰 나라여서 한국처럼 서울에 집중적으로 몰려 있지 않다.

미국의 큰 여러 도시는 각기 한국의 서울과 같다. 뉴욕이나 보스턴의 지하철은 건설된 지 오래돼서 낡고 허름하다. 여기서 한 가지 이해하고 넘어가야 할 것은 미국은 오래되었다고 해서 쉽게 허물거나 교체하거나 없애버리지 않는다.

개인 소유 아파트도 개보수하지 않고 백 년 넘게 세놓는 아파트가 얼마든지 있다. 하물며 공공건물이나 교통은 반영구적으로 사용하고 보존한다. 이러한 문화 배경이 대도시의 지하철이 낡고 허름해도 계속해서 운영하는 이유이다.

한국이 일본의 식민지 시절 근대 문명이나 문화, 법체계를 일본의 것을 물려받아서 빠르게 변화한다. 식민지 미국은 영국 제도를 물려받았는데 문화와 전통의 변화를 원하지 않는 것 역시 영국식을 그대로 물려받았다. 변하기는 변하되 매우 느리게 변한다.

예를 들면 구도시의 도로변에 인도교를 설치하기 위한 법규를 새로 만드는데 기존 헌 집을 새로 지을 때 함께 인도교도 설치하도록 법으로 규정하였다.

헌 집의 수명이 100~150년도 넘는데 인도교 설치에 무한대로 기다리는 것이다. 당연히 주민과의 충돌은 없다. 그만큼 미국인들에게 새로운 변화를 기대하기란 어려운 것이다. 동시에 미국인들은 느슨

해서 기다리는 데 익숙하다.

어딜 가나 줄을 서서 기다리는 건 기본이다. 오래 기다려도 불평하는 사람은 없다. 기다리다가 더는 받아주지 않겠다고 줄을 끊는다 해도 불평하지 않는다. 미국인들은 그만큼 느슨하다. 만일 불평하는 사람이 있다면 그분은 한국 사람이 분명하다.

미국에는 권총 강도가 흔하다. 권총 강도는 범죄여서 범죄는 주로 범죄 소굴에서 벌어지기 마련이다. 서울에서도 범죄가 들끓는 지역이 따로 있는 것이지 아무 데서나 범죄가 발생하는 것은 아니다.

누구라도 척 보면 아름다운 사람들이 사는 지역이라든가, 조용하고 한적한 지역이라든가, 범죄가 발생하는 위험 지역이라는 것은 알아볼 수 있다. 서울에서도 밤에 술집이 몰려 있는 지역은 피하는 게 좋은 것처럼 미국에서도 범죄가 발생할 만한 지역은 피해 다니는 게 좋다.

30 미국은 동성애 문화가 발달한 나라

무지개 깃발은 게이 플래그(Gay Flag)다. 미국에서 주택가를 운전하다 보면 무지개 깃발을 내건 집을 흔히 볼 수 있다. 미국에는 그만큼 동성애자들이 많다. 이웃에 동성애인들이 살지만, 누구도 탓하는 사람은 없다.

1970년 6월 27일 토요일 동성애자들은 스스로 자신이 동성애자임을 드러내놓고 거리 행진을 벌였다. 떳떳하게 살고 싶고 남들과 같은 인권을 누리고 싶다는 열망에서다. 그날을 기념해서 'Gay Freedom Day'라고 명하고 매년 퍼레이드를 펼친다. 게이 해방운동은 발전을 거듭하면서 결실을 맺어 지금은 여러 방면에서 특히 정치적으로 성공을 거두었다.

열심히, 건전하게 생활하는 많은 동성애자들이 일반 주택가에서 산다. 떳떳하게 게이 깃발을 대문 앞에 내걸고 이웃과 나란히 행복하게 지낸다.

미국 군대에 'Don't ask, don't tell' 정책이 있듯이, 이웃 간에도 '묻지 않고, 말하지 않는' 불문율이 지켜지고 있다. 게이는 지식인이고 건전한 문화인이다. 물론 오래 보아와서 눈에 익은 면도 있겠지만 실제로 알고 보면 게이들은 규정과 질서를 잘 지키는 성숙한 사람들이다.

게이들은 아이가 없어서 그런지 재정적 여유가 많다. 남성 둘이서 사는 집이 오죽하겠는가 하던 고정관념 역시 깨끗하게 해놓고 사는 그들의 모습을 보면 여지없이 깨지고 만다. 어떤 면에서는 아름다운 사람들이다.

미국 연방 대법원은 2015년 6월 26일 미국 내 동성 결혼 합헌을 5 : 4로 판결했다. 과거와는 달리 2000년대로 들어오면서 동성 결혼을 인정하는 사람들도 많이 늘어났다. 미국 시민 60%가 동성 간의 결혼을 찬성하는 것으로 나타나기도 했다.

오늘날 미국의 50개 주 중에서 동성 결혼을 금지하는 주는 오로지 14주뿐이다. 드디어 연방 대법원도 동성 결혼을 지지할 수밖에 없는 실정이 되고 말았다. 오바마 대통령도 "이번 판결은 미국의 승리이다. 모든 국민이 평등하게 대우받을 때 우리는 더욱 자유를 누릴 수 있다"고 말했다. 대법원에서 동성 결혼이 합헌이라는 결정을 얻어내기까지 45년이 걸렸다.

미국 서부 도시 샌프란시스코에서는 자랑스러운 게이 퍼레이드와 축제가 열린다. 매년 6월 27일은 게이 프리덤 데이(Gay Freedom

Day)다. 같은 주의 주말인 토요일과 일요일에 축제와 퍼레이드가 진행된다. 축제에는 음악, 미식가 음식, 그리고 300개가 넘는 부스(Booth)가 포함되어 있다. 게이 퍼레이드와 축제는 샌프란시스코의 자존심이며 세계에서 가장 큰 성소수자 모임 중 하나이다.

전 세계에서 몰려온 1백 5십만 명 인파가 거리에서 퍼레이드를 지켜보고 환영한다. 어느 직장이나 동성 커플이 있기 마련이어서 경찰, 보안관 동성 커플도 퍼레이드에 참석한다.

동성 결혼이 합법화된 이후로 매년 수백 커플이 샌프란시스코 시청에서 결혼식을 올린다. 동성애자들이 전 미국 각지에서 결혼식을 올리려고 샌프란시스코로 몰려온다. 심지어 세계 각국에서 오기도 한다. 호텔과 관광이 덩달아 호황을 누릴 뿐만 아니라 세수도 늘어난다. 미국은 성소수자의 천국이며 그들이 인간답게 살 수 있는 유일한 국가이다.

31 비문화인 취급 받는 한국인

한국에 탈북민이 많다 보니 자연스럽게 북한 사정과 속내를 알게 되고 그들이 중국에서 살다가 한국으로 넘어오는 바람에 중국인들의 속내도 알게 된다. 북한 주민들은 굶주리고 가난해서 예의나 배려라는 걸 지킬 수도 없고 아예 모르고 산다. 한국도 6.25 전쟁이 끝나고 가난하던 시절에는 도둑질해서라도 잘 살아보겠다고 속이고 속던 시절이 있었다.

하지만 선진국 대열에 접어든 지금의 한국은 다르다. 도둑도 없다시피 됐고 예의도 잘 지키는 선진국인이 되었다. 북한의 각박한 사회에서 살다가 탈북한 사람들은 한국인들의 예의범절을 보고 감탄해 마지않는다. 중국인들도 한국에 와서 살아본 사람들은 하나같이 칭찬한다. 국민이 친절하고 정직하고 예의 바르다고 말한다.

그렇게 칭찬만 듣던 문화국 한국인들이 미국에 가면 비문화인 취급을 받는다. 선진국 문화의 기본은 남에게 폐를 끼치면 안 되는 것이고 남을 배려하는 예를 갖춰야 한다. 미국인들은 앞에 사람들이 가로막고 있을 때 헤쳐나가려면 "실례합니다(Excuse me)" 하고 말하면 사람들이 비켜준다. 어깨를 부딪쳐도 "Excuse me" 하면 상대는 "괜찮아요(It's OK)" 하고 받아준다. 하나서부터 열까지 "Excuse me"를 입에 달고 산다고 말해도 과언이 아니다.

엘리베이터에 들어서다가 사람이 있으면 "하이(Hi)" 하고 웃으면서 인사부터 한다. 산책하다가 사람을 만나도 기본이 "하이" 하고 인사하는 것이고 조금 더 나가면 "날씨가 좋습니다" 혹은 "좋은 아침입니다" 하고 인사한다.

미국에서는 건물 현관에 들어설 때, 뒤따라오는 사람을 위해 문을 잡고 기다려준다. 뒤따라오는 사람이 여러 명이더라도 모두 현관으로 들어설 때까지 앞서가던 사람이 손으로 문을 붙잡고 기다려준다.

한국에서 흔히 겪는 일인데 아파트에 들어설 때 앞서가던 사람이 문을 열고 자기만 들어서고 뒤도 안 돌아보고 문을 닫아버리는 경우가 있다. 까딱 잘못 앞사람을 따라가다 가는 문짝에 코를 부딪칠 뻔한 일도 있다. 뒤에 따라오는 사람을 배려하지 않기 때문에 일어나는 일이다.

반면에 내가 먼저 문 안에 들어서서 뒤따라오는 사람을 배려해서 문을 잡아주면 고맙다는 말도 없이 지나가는 사람도 보았다. 문화의 차이에서 오는 현상인데 미국에서는 미국 문화를 따라야 한다. 미국식 예의가 몸에 배기까지는 상당한 기간이 걸린다.

32 미국 집과 한국 집

미국에서의 집 개념과 한국에서의 집 개념은 다르다. 한국에서의 집 개념은 집은 곧 재산이다. 집을 소유하고 있으면 집값이 오르는 만큼 재산이 증식한다고 생각한다. 맞는 말이지만 집 가격은 오를 수도 있고 떨어질 수도 있다.

서울 강남에 아파트를 소유하면 학군도 좋고 재산 가치도 높아서 다른 곳으로 이사하려 하지 않는다. 불편한 점도 많다. 강남은 물가가 비싸서 생활비가 많이 든다. 생활비 지출이 많다 보니 다른 문화 활동의 지출이 줄어든다. 교통이 복잡하고 사람이 많아서 여유롭지 못하다. 강남에 산다고 하면 남들이 부러워해서 폼잡는 기분이다.

미국에서의 집은 가정을 의미한다. 가족이 살기에 적합하고 만족한 게 집이다. 미국에서 집을 살 때 앞으로 집값이 얼마나 오를 것이냐는 보지 않는다. 가장 먼저 보는 것은 아이들의 학교를 살펴본다. 교육에 적절한 곳이냐 하는 문제가 가장 우선이다.

두 번째는 집과 직장과의 거리다. 출퇴근이 합당한 거리인가를 살펴야 한다. 세 번째로 쇼핑 지역과 공원, 병원, 도서관 등 주거환경을 알아볼 필요가 있다. 좋은 집에 산다고 해서 부러워하지 않는다.

한국에서 집은 내 집이다. 100% 내 집이라든가 아니면 은행 융자가 있다손 치더라도 작은 퍼센티지에 불과하다. 그러므로 집은 곧 재산이다. 이유는 은행 융자 없이 집을 보유하는 게 이익이기 때문이다.

한국에서 사는 사람들의 인생 개념은 돈이 있어야 한다고 생각한다. 돈이 있어야 사람 대접도 받고 돈이 있어야 사는 데 지장이 없다. 돈 없으면 죽는다고 생각한다. 그래서 버는 돈의 얼마는 꼭 저축한다. 6.25 심성(돈 없으면 굶어 죽는다)에서 온 개념이다.

미국에서의 집은 내 집이 아니고 은행 집이다. 집값을 갚을 만한 여유 현금이 있어도 집을 월부로 산다. 이유는 은행 융자로 집을 사는 게 이익이기 때문이다. 미국인들이 집을 살 때는 보통 집 가격의 20~30%를 다운하고 나머지는 은행에서 융자를 얻는다. 은행 융자는 여러 종류가 있는데 30년 고정 융자, 5년 고정 그리고 변동 이자 융자, 매해 변동 이자 융자 등등 여러 가지다.

여기서 한국인과 미국인의 개념 차이가 나타나는데 미국인은 멀리 내다본다. 집을 살 때도 30년 후를 생각한다. 한국인들은 머리로 계산한다. 이 집에서 30년 살기에는 너무 길다. 그래서 월부금이 저렴한 5년 거치 변동 이자로 집을 사거나 아예 매년 변동 이자로 월부금을 낮추는 융자를 선택한다. 그것도 틀린 말은 아니다. 하지만 30

년이 흐른 다음에 보면 미국인은 흔들림 없이 탄탄한데 이사 다니던 한국인은 그렇지 않은 케이스가 종종 있다.

미국인들에게 가장 보편적인 집 융자는 30년 고정 융자다. 예를 들어서 집 살 때 20% 다운하고 은행에서 연 5%의 30년 고정 이자 융자를 얻으면 처음 10년 동안은 월부금을 물어도 집값은 한 푼도 까지지 않고 95% 이상이 은행 이자뿐이다.

언뜻 듣기에 손해 보는 것 같지만 매해 은행 이자로 낸 돈은 세금에서 공제받으니 결국 거저 사는 거나 마찬가지다. 그와 동시에 집값은 올라가니까 세금 공제를 받아 이득, 집값이 올라가서 이득, 2중으로 이득 보는 셈이다.

처음 10년이 지나고 나면 그동안 물가 상승으로 월부금도 수월해지고 은행 융자도 올랐기 때문에 연 5% 융자는 거저나 마찬가지가 된다. 즉 은행 융자 30년 연 5% 고정 이자 융자로 산 집은 재산 증식이 되는 셈이다. 30년 고정 이자 융자라고 해서 반드시 그 집에서 30년을 살아야 하는 게 아니다. 아무 때나 팔아도 된다. 이것도 계약에 서명하기 전에 잘 봐야지 계약을 해지하면 벌금을 무는 조건도 있다.

설혹 10년도 안 살고 집을 판다손 치더라도 30년 고정 이자 융자가 유리하다. 은행에서 30년 고정 이자 융자를 안 해주려고 이리 빼고 저리 빼는 데는 은행 측에서 불리하기 때문이다. 은행이 불리하다는 뜻은 소비자가 유리하다는 뜻이다.

미국에서 사는 한국인들도 한국식으로 생각하기 때문에 집을 현금 박치기로 산다. 언뜻 듣기에 그럴듯하지만 실은 손해 보는 행위이다. 집 월부금이 없어서 버는 대로 내 돈인 것 같지만 연말에 세금 보고할 때 세금을 많이 내기 때문에 버는 돈 다 세금 내는 심정일 것이다.

만일 집을 살 때 20%만 다운하고 80%는 은행 고정 이자 융자로 샀다면 남아 있는 내 돈을 은행에 고율 이자로 예금해 놓을 수 있다. 은행 이자 받은 돈은 집 월부금에 보태어 내고 월부금은 거의 다가 이자이므로 연말에 세금 공제를 받으니 세금 안 내서 좋은 거다.

위와 같은 이야기는 미국에서 얼마만큼의 고정 수입이 있을 때 적용되는 이야기이다. 한국에서 온 지 얼마 안 되는 사람은 수입이 적거나 없고 크레딧도 없어서 은행 융자가 안 되는 경우가 많다. 이럴 경우 주거 월부금이라도 줄여보려고 집을 현금으로 박치기하는 예도 있다. 한국에서 집 판 돈이라도 들고 온 사람들의 이야기이다.

한국에서 가지고 온 돈도 없는 유학생 출신이라든가 빈손으로 미국에 온 사람들은 개인 집에서 달랑 방 하나만 세놓는 집에서 살면 된다. 그런 데서 생활하면서 돈을 모았다가 영세민 아파트로 들어가면 월부금이 저렴하다. 그러면서 차츰차츰 일궈나가는 방법도 있다.

미국인들은 저축율이 한국인만 못하다. 실업자가 되어도 실업 수당이 나오니까 먹고 살 수 있다. 걱정 없이 월급을 다 쓰면서 산다. 내 집 마련도 서두르지 않는다.

보통 집값의 20%를 다운하고 30년 고정 이자로 산다. 월부로 사는 집에다가 장기 융자여서 평생 월세로 사는 식이다. 은퇴할 때쯤 되면 집 월부도 끝나면서 사회보장연금도 받게 된다. 안정적인 노후를 맞게 되는 게 미국에서의 평생 삶이다.

33 미국에서 가장 행복한 도시는?

가장 행복한 도시 순위

순위	도시
1	캘리포니아 프리몬트
2	메릴랜드 콜럼비아
3	캘리포니아 샌프란시스코
4	캘리포니아 산호세
5	캘리포니아 어바인
6	메디슨(위스콘신)
7	워싱턴 시애틀
8	캔사스 오버랜드 파크
9	캘리포니아 헌팅턴 비치
10	캘리포니아 샌디에이고

미국에서 가장 행복한 도시에 캘리포니아주 프리몬트가 선정되고, 10위권 안에 북가주 도시 3곳이 포함됐다. 프리몬트는 내가 사는 지역에서 얼마 떨어져 있는 곳이 아니다.

개인금융 정보 사이트 '월렛 허브(Wallet Hub)'가 발표한 '2022 미국에서 가장 행복한 도시(2022 Happiest Cities in the U.S.)' 순위에서 전국 182개 인구 밀집 도시 가운데 프리몬트가 1위를 차지했다.

프리몬트는 정신 및 육체적 건강, 개인소득 및 고용률, 지역사회 및 환경으로 분야를 나눠 도시별 행복도를 조사한 결과 1위를 차지한 것으로 나타났다.

월렛 허브는 연방수사국(FBI), 인구조사국(Census), 노동통계국(BLS), 질병통제예방센터(CDC) 등의 자료를 토대로 고용 안전성, 소득 증가율, 우울증 발생률, 이혼 빈도, 생활 환경 등을 분석해 순위를 매겼다고 밝혔다. '정서적, 신체적 웰빙', '일자리와 소득', '커뮤니티 및 자연환경' 등이 기준이 됐다.

보고서는 "어디 살고 있는지에 따라 행복도가 달라질 수 있다"며 "긍정적 정신상태, 건강한 몸, 원만한 대인관계, 직업 만족도, 재정적 안정 등이 행복의 핵심요소지만, 연 소득이 7만 5천 달러 이상이 되면 돈이 주는 만족도는 더 이상 높아지지 않았다"고 전했다.

인구 23만 1천 명, 베이 지역에서 인구가 4번째 많은 프리몬트는 정서적, 신체적 웰빙 부문에서 1위, 일자리 및 소득에서 46위, 커뮤니티, 자연환경에서 2위 등으로 100점 만점에 77.13점을 얻으며 종합 1위에 올랐다.

2위는 볼티모어와 워싱턴DC 사이에 있는 메릴랜드주 콜롬비아, 3위 샌프란시스코, 4위 산호세, 5위 어바인(캘리포니아), 6위 메디슨

(위스콘신), 7위 시애틀, 8위 오버랜드 파크(캔자스), 9위 헌팅턴 비치(캘리포니아), 10위 샌디에이고 순이다. 상위 10위에 캘리포니아주 도시 6곳이 몰려 있다.

미국 3대 도시 뉴욕(58위), 로스앤젤레스(54위), 시카고(56위)는 모두 50위권에 머물렀다. 지도상으로 보면 행복한 도시들은 주로 서부와 동부 해안 쪽에 자리 잡고 있으며 행복한 도시 순위 하위권들이 남동부에 위치한 것으로 나타났다.

한편, 미 전역에서 가장 불행한 도시는 미시간주 디트로이트였다. 정신 및 육체적 건강과 소득 및 고용 부문에서 179위에 들었으며, 지역사회와 환경 면에서 177위로 집계돼 세 분야 모두 최하위권을 차지했다. 이어 미시시피 걸프 포트, 테네시 멤피스, 웨스트 버지니아 헌팅턴, 앨라배마 몽고메리 순서대로 가장 불행한 도시 5위에 들었다.

34 미국은 살기 좋은 나라 (1)

　미국은 한국보다 살기에 수월하다. 나는 26살에 미국에 이민 갔다. 26살이란 나이에서 3년이라는 군 복무를 빼면 실제로 한국에서 살아보겠다고 진지하게 덤벼들었던 기간은 그리 길지 않다. 짧은 기간 한국에서 살아봤고 나머지는 모두 미국에서만 살았다. 사실 20대라는 시대는 어떻게 앞날을 살아갈 것인가를 고민해야 하는 시기이다.

　내가 한국에서 보낸 20대는 1960년대를 말한다. 살아갈 앞날이 캄캄하고 답답했을 뿐이다. 남들은 나보다 몇 배는 더 똑똑한 사람들뿐이어서 내 실력으로는 경쟁이 되지 않았다. 솔직히 말하면 벽이 너무 높아서 넘을 수가 없어 보였다. 고생하면서 바닥에서 사느니 차라리 죽는 게 낫겠다는 생각도 들었다.

　한국이 지금은 그때보다 살기 좋아졌다고는 해도 그것은 겉으로 드러나 보이는 것을 말하는 것이지 속내의 갈등은 그때보다 더 심하면 심했지, 나아졌다고 말할 수 없을 것이다. 미국이 한국보다 살아가기에 수월하다고 말하는 것은 내가 직접 살아보았기 때문에 자신있게 말할 수 있다.

첫째, 미국은 땅이 넓다. 땅이 넓다 보니 드문드문 떨어져서 살게 된다. 생활에 여유가 있다. 땅이 넓다는 것은 인구 밀도가 적다는 것이기도 하다. 인구가 적으니, 인심이 야박하지 않다. 마치 한국에서도 시골에서 사는 것 같다. 사람이 귀하고 구하기가 어려우니까 취직도 수월하다. 미국도 도시는 안 그럴 것 같아도 도시도 한국처럼 복작대지 않는다.

둘째, 미국인들은 적당히 어리숙하다. 마치 한산한 한국 시골 사람처럼. 그들과 경쟁해도 해볼 만하다. 이런 사람들 틈바구니에서 뭘하면 못할까 하는 생각이 든다. 마치 탈북인들이 한국에 와서 뭘 한들 북한과 비교가 안 되는 것과 같다.

그럴 리가 있나! 뉴스에서 보면 맨날 총으로 쏴 죽이고 도둑이 득실거리는 장면만 보여주는 게 미국인데 무슨 소리냐 할 수도 있다. 그것도 사실이다. 험한 볼거리는 뉴스거리니까 뉴스로 보여주는 것이다.

앞서도 말했지만, 미국은 땅이 넓어서 나쁜 지역에서는 맨날 나쁜 짓만 일어난다. 하지만 나쁜 지역은 그리 많지 않다. 미국에서 살다 보면 어디가 범죄 다발 지역인지 다 알게 된다. 그런 곳은 평생에 한

번 갈까 말까 할 정도다.

한국도 범죄 다발 지역이 따로 있다. 이리치고 저리치는 사람들이 득실거리는 강남의 술집 골목 같은 곳에 갈 이유가 있겠는가?

미국은 정직한 나라이면서 시스템이 잘 되어 있는 나라다. 국민은 적당히 어리숙하지만, 시스템은 잘 만들어져 있어서 시스템대로 살면 무난하다. 시스템도 좋지만, 국민이 정직해서 시스템이 잘 지켜지니 살만하다. 갑이 존재할 수 없는 시스템이다.

미국이 살기 좋은 나라이지만 그중에서도 가난한 노인들은 더욱 살기 좋은 나라이다. 가난한 노인이란 내 소유의 집이 없고, 예금해 놓은 돈도 없고, 아무것도 없는 노인에게 미국은 살만한 나라다.

정부에서 아파트 세 내주지, 식료품 사다 먹으라고 통장에 돈 넣어주지, 무제한 무료 진료 해주지, 무료 약처방 해주지, 일주일에 80시간 가사도우미 보내주지, 자신에게 맞는 운동을 시켜주지 등 여러 가지 혜택이 많다.

자신이 소유한 집이 있고, 저금해 놓은 돈이 있는 노인은 자기 돈 가지고 하면 된다. 언뜻 보기에 불공정한 것 같으나 가만히 살펴보면 돈 있는 사람이나 없는 사람이나 공평하게 같은 대우 받으면서 살라는 의미이다.

이러한 시스템 때문에 가장 배 아파하는 사람은 겨우 집 한 채 지닌 노인이다. 자기 집이 있다는 이유로 종합 혜택은 받지 못하고 부분 혜택만 받기 때문이다.

한국 노인들은 머리가 잘 돌아가서 집이나 예금은 자식들 앞으로 돌려놓고 혜택은 혜택대로 누린다. 어리숙하고 정직한 미국 노인들만 허름한 집에서 고집스럽게 살고 있다. 그래도 알 것은 다 알기 때문에 이민 와서 일도 하지 않고 노인이 된 할머니들이 혜택만 누린다고 불만을 털어놓는다.

35　미국은 살기 좋은 나라 (2)

첫째, 미국은 세계에서 가장 신뢰하고 믿을 만한 국가이며, 미국 국민은 어렵게 구축한 명성을 지키기 위해 부단한 노력을 게을리하지 않는다. 미국은 세계 최강국이다. 최강국이 서민과 무슨 상관인가 하겠지만 알게 모르게 우리의 일상에서 작용한다. 해외여행을 할 때면 자신도 모르게 대우받고 있다. 그뿐만 아니라 해외에서 불상사가 일어났을 때 미국인이라는 혜택은 무시 못한다.

둘째, 미국은 컴퓨터와 인터넷의 종주국이다. 감히 어느 나라도 미국의 컴퓨터, 인터넷 지위를 넘볼 수 없다.

셋째, 미국은 자동차에 관한 한 추종을 불허한다. 지금은 자동차 생산이 평준화돼서 여러 나라에서 만들지만, 최종 선두주자는 역시 미국이다. 자동차 산업이 보편화되니 미국에서 전기 자동차 테슬라가 등장했다. 전기 자동차 다음에 어떤 자동차가 나올지 우리는 알지 못한다. 하지만 한 가지 분명한 것은 새로 등장하는 기술이 미국에서 증명돼야 한다는 사실이다.

넷째, 미국은 교육의 나라다. 세계에서 손꼽히는 유명한 대학은 거의 다 미국에 있다고 해도 과언이 아니다. 당연히 미국으로 유학 오는 학생들이 많을 수밖에 없다. 세계 수재들은 미국으로 모여든다고 보는 게 옳을 것이다. 미국은 그들의 두뇌에서 발달을 거듭한다.

다섯째, 미국은 우주 왕국이다. 우주로 가장 많은 인공위성을 쏘아 올린 나라가 미국이며 지구 궤도를 돌고 있는 위성을 가장 많이 보유하고 있는 나라 역시 미국이다. 우주 개발에 가장 앞서 있는 미국은 어떤 새로운 미래를 개발할지 아무도 모른다.

여섯째, 미국은 다양한 먹거리를 즐길 수 있는 나라다. 세계 여러 나라 사람이 모여서 함께 살아가기 때문에 식문화도 각양각색이다. 각 나라에서 가장 맛있다는 음식은 모두 만든다. 한국 음식도 가장 맛있는 음식으로 불고기, 잡채, 김치 등 어느 나라 사람이라도 맛있어 할 만한 음식은 모두 맛볼 수 있다. 다른 나라도 마찬가지다.

일곱째, 미국은 여행하기에 좋은 나라다. 미국은 작은 나라가 아니라 대륙 국가다. 그것도 인류 문명에 손때묻지 않은 신생 땅이어서 구대륙과는 달리 신기롭고 이채로운 볼거리가 많다. 생전에 못다 보리만치 많은 관광지가 존재한다. 관광지가 많다는 것은 생활을 풍요롭게 만드는 요인 중의 하나이다.

여덟째, 미국은 스포츠 최강국이다. 4년마다 열리는 올림픽에서 매번 세계 1위를 차지하는 것은 물론이러니와 프로선수들의 연봉을 가장 많이 지급하는 나라도 미국이다. 당연히 세계 최고의 선수들이 미국으로 몰려오는 이유이다.

36 사교육비가 없어서 행복하기만 한 사람들

목요일 오전에 바이올린 연주회가 있다고 해서 초등학교 5학년인 손주 학교에 갔다. 초등학교 운동장에는 어린아이들이 뛰어놀고 있었다. 귀가 아플 정도로 시끄럽게 떠들면서 놀던 아이들이 교실에 들어갈 시간이 되자 운동장에 각 학년 반마다 일렬로 줄지어 앉았다.

앉기만 하는 게 아니라 쥐 죽은 듯 조용했다. 누가 조용히 하라고 시키나 해서 둘러보았다. 선생님이나 누구도 조용히 하라고 시키는 사람은 없었다. 아이들이 알아서 줄을 따라 앉아 조용히 기다린다. 한 줄씩 일어나 일렬로 교실을 향해 들어갔다. 초등학교 1학년에서 4학년까지의 학생들인데 말을 잘 듣는구나 하는 느낌을 받았다.

연주회는 운동장 한쪽에서 벌어졌다. 바이올린, 비올라, 첼로 연주 학생들이 모여서 음악 선생님의 지시에 따라 연주하는데 연주하는 학생들보다 구경하는 학부모들이 더 좋아한다. 사진이며 동영상을 찍고 손뼉도 친다. 나는 손주를 보는 데도 흐뭇하고 대견한데 아이의 학부모라면 얼마나 사랑스럽겠는가?

이 초등학교는 5학년이 졸업이다. 손주는 다음 주 금요일이면 졸업이다. 중학교로 간다. 5학년생들이 졸업 전에 연주회를 하는 것이다. 네다섯 곡 짧은 연주이지만 어린 학생들은 처음 경험해보는 연주회이니 실수 안 하려고 열심히들 애쓰는 모습이 보인다.

그래도 연주회인데 우리 손주 혼자만 반바지를 입은 게 조금은 무례해 보였지만 초등학교 연주회라는 게 그런 거지 뭐 하고 넘겼다. 다음으로 브라스 밴드 연주가 이어졌다.

참으로 미국에서 자라는 아이들은 행복하다. 무엇보다 과외 공부가 없어서 그렇다. 아이들은 방과 후에 학원에 가는 아이가 없다. 학교 밖으로 나오면 그때부터는 자유다. 간단한 숙제나 끝내놓고 또래 아이들끼리 실컷 놀다가 해 질 녘이면 집에 들어온다.

한국에서 아이들이 공부며 가외 활동으로 받는 스트레스를 생각하면 미국 아이들은 행복하다. 공부는 학교에서 배우는 거로 그만이다. 그렇다고 해서 아이들의 실력이 떨어지는 것도 아니다. 자습력이 높아서 스스로 실력을 쌓아간다. 아이는 과외 공부가 없어서 행복하고 부모는 사교육비가 안 들어서 행복하고.

오후 3시에 학교가 끝날 무렵 손주를 태우러 갔다. 평상시에는 늘 걸어서 집에 오지만 오늘은 바이올린도 있을 것이고, 들고 올 게 많은 것 같아서 태워주기로 했다. 초등학교 주차장에 차들이 들어차 있어서 차 댈 자리가 없다. 나는 멀리 떨어진 대로변에 세워두고 아이들이 나오는 출구 쪽에서 기다렸다. 학부모들 여럿이 기다리고 있었다. 학교 수업이 끝나고 쏟아져 나오는 아이들은 뭐가 그렇게 좋은지 하나같이 신이 나서 깔깔대고 지껄인다.

나오다가 엄마를 만나면 엄마는 그동안 못 본 게 일 년은 헤어졌다가 만나는 아이처럼 부둥켜안고 뺨에 입을 맞춘다. 사내아이는 아빠를 보고 달려와서 안긴다. 마치 이산가족 만나듯 얼싸안고 행복해한다. 이렇게 행복한 장면은 매일 반복해서 일어난다. 행복하기만 한 사람들로 가득한 초등학교 출구의 오후다.

내가 인생을 살아봐서 아는 건데 아이가 10살이 되기까지가 가장 귀엽고 예쁜 나이다. 오로지 행복만 가져다주는 절정의 나이이다. 인생 중에 그때가 가장 행복한 시절이 아니었나 생각한다. 나처럼 다 늙은 나이에 행복하기만 한 사람들로 가득한 교정에서 한때나마 어울릴 수 있다는 것은 또 얼마나 행복한 일인가?

미국 부모들은 아이에게 "아무나 되어라"고 말해준다. 미국에서 자라는 아이는 한국에서 자라는 아이보다 행복하다. 아이들은 꿈을 먹고 산다. 이런 꿈도 꾸어보고 저런 꿈도 꾸어본다. 꿈꾸는 데 돈이 드는 것도 아니어서 꿈은 얼마든지 꿔도 좋다.

한국 아이는 시골에서 오토바이 타고 달리는 집배원이 되고 싶다고 말하면 부모가 그보다 원대한 꿈을 꾸라고 고쳐준다. 한국 부모들이 자식에게 갖는 꿈은 대동소이하다. 의사나 변호사 아니면 유명인이 되어주기를 바란다. 아이는 아무것도 모르고 부모가 가르쳐준 꿈이 자기 꿈인 줄로 착각한다. 다시 말하면 경쟁이 극심한 속으로 떠밀려 들어가 이겨내라는 꿈이다.

학교에 다닐 때부터 의사나 변호사가 되려면 공부 잘해야 한다고 다그친다. 1등을 목표로 뛰게 한다. 하지만 1등은 한 명뿐이다. 아이는 부모가 정해준 꿈이 자기 꿈으로 착각하고 달린다. 성공을 향해 달리는 삶은 치열한 경쟁 속에서 스트레스뿐이다.

설혹 의사나 변호사가 되어도 나보다 훌륭한 동료들이 너무 많다. 꿈을 이루지 못했을 때 좌절의 길로 빠지는 절망은 감당하기조차 힘들다. 미국 아이들에게 꿈이 무엇이냐고 물어보면 대부분 자기가 좋아하는 꿈을 말한다. 한때는 아이들에게 소방관이 되는 게 꿈의 직업 1위였다.

미국 부모는 자식에게 꿈을 가르쳐주지 않는다. 자기 꿈은 자기가 꾸게 내버려둔다. 그 이유는 인생은 성공이 아니라 행복이기 때문이다. 아무나 되더라도 행복하면 성공한 인생이다. 행복한 삶이 목표가 되면 아무 일을 하던지 행복해진다. 미국 아이는 1등이 아니어도 행복하다.

37 어디에서 어떻게 살아야 하나?

　미국에서 가장 부유한 100명 중 상위 26명이 캘리포니아주에서 사는 것으로 나타났다. 빅테크 기업들이 몰려 있는 실리콘밸리가 부자들이 캘리포니아에 사는 주요인으로 작용한다. 이중에는 페이스북의 창업자 마크 저커버그와 구글의 공동창업자 래리 페이지, 세르게이 브린 등이 포함된다.

　부자의 범위를 더 넓혀서 미국에서 억만장자로 꼽히는 724명을 살펴보면 189명이 캘리포니아에 사는데 이는 26.1%에 해당하는 수치다.

　부자들이 캘리포니아에 몰려 사는 것은 빅테크 기업들의 본거지 실리콘밸리의 영향이 크다. 전 세계 시가총액 1위 기업 애플은 물론이고 구글, 페이스북 등의 본사가 실리콘밸리에 있는데 해당 기업들을 일군 창업자들이나 관계된 억만장자들도 실리콘밸리에 살면서 회사 업무를 보고 있다.

　경제지리학을 연구하는 UC 버클리의 리처드 워커 교수는 뉴욕타임스와 인터뷰에서 "빅테크 기업과 관계된 부자라면 실리콘밸리로 오지 않을 수 없다"며 "이는 미국 산업계에서 확고하게 자리 잡은 트렌드"라고 설명했다.

다만 캘리포니아의 비싼 세금을 내야 하는 부담이 부자들에게 악재로 작용한다. 돈 많은데 뭐 그까짓 세금 내야 하는 거 아니야 할지 모르겠으나 부자일수록 돈에 관한 애착이 더 크다.

미국에서 가장 행복한 도시에 캘리포니아주 프리몬트가 선정되고, 10위권 안에 북가주 도시 3곳이 포함됐다. 캘리포니아주 도시 6곳이 10위권에 들어갔고, 샌프란시스코는 3위, 산호세 4위에 랭크했다. 산호세, 프리몬트는 실리콘밸리에 속한 도시들이다. 불행하게도 LA는 54위로 만족도가 낮았다.

캘리포니아주에서 가장 안전한 도시 1위에 댄빌(Danville)이 선정됐다. 세이프와이즈(SafeWise)가 연방수사국(FBI)의 범죄 데이터를 분석해 통계 낸 결과에 따르면 캘리포니아주에서 가장 안전한 도시에 3년 연속으로 댄빌, 랜초 샌타 마가리타, 무어팍 순위로 이름을 올렸다. 가주 내 안전한 도시들로 분류된 도시 48%에서는 살인사건이 단 한 건도 발생하지 않은 것으로 나타났다. 세이프와이즈는 인구 20만 명의 소도시들이 탑 순위에 포함된 것에 대해 주민들의 소득 수준이 높고 무엇보다 주민들이 경찰과 함께 방범 활동에 적극 참여하면서 범죄율을 낮추는 데 크게 기여하고 있다고 분석했다.

반면에 오클랜드가 캘리포니아 내 도시 중 가장 위험한 도시에 올랐다. 위험한 도시 8위 샌프란시스코, 9위 버클리가 차지했다. 세이프와이즈 측은 보고서에 게재된 '안전한' 또는 '위험한'의 의미는 철저히 연방수사국의 범죄 현황 자료에 따른 것으로 이외 도시들을 구분 짓는 다른 요소는 포함하지 않았다. 이러한 자료가 보여주듯 어디서 어떻게 사느냐는 삶의 질을 좌지우지한다.

38 미국과 한국에서의 부부생활 차이점

별로 오래전의 일이 아니다. 우리나라에서 복 중에 장수복이 가장 큰 복인 시절도 있었다. 마을에 장수 노인이 있으면 자랑스럽게 내세우고 공경하던 때도 있었다. 드디어 그렇게도 열망하던 장수 시대가 도래했건만 이건 재앙이라고 덮어씌운다.

지난 며칠 동안 한국보건사회연구원과 사회통합원의 공동조사가 뭐 대단한 읽을거리라고 각 신문마다 다투어 실었다. 여성 72%가 "수명이 늘어나면서 늙은 남편이 부담스럽다"라는 내용이다. 100세 시대가 도래하는데 은퇴 후 40년을 어떻게 남편 수발을 거들 것인가 하는 걱정이다. 환자도 아닌 남편을 수발들어 줘야 한다니?

여기서 이해가 안 되는 부분은 수발을 거들어 달라는 남편이 정말 있는가? 나도 노인이고 내 친구들도, 친척들도 다 노인인데 수발을 거들어 달라는 사람이 있다는 이야기는 지금껏 들어보질 못했다. 아마도 비신사적인 남성이 힘으로 아내에게 압력을 행사하는 사람이 있길래 이런 말이 있는 모양이다.

옛날 우리 조상님들에게는 늙어가는 남편 부담스러워하는 풍조가 없었다. 부인을 힘으로 누르는 풍조가 일본 점령기 때 일본인한테서 배운 악습이듯이 늙어가는 남편 부담스러워하는 풍조도 한국과 일본에만 있는 현상이다. 애초에 여자가 남자보다 힘이 더 세었다면 오늘과 같은 현상은 일어나지 않았을 것이다. 여성 노인들이 싫어하는 남편상을 열거했는데 다음과 같다.

① 매일 거실에서 빈둥거리는 '공포의 거실 남'
② 온종일 잠옷 차림에 아내에게 걸려온 전화를 귀 쫑긋 세우고 엿듣는 '파자마 맨'
③ 어딜 가나 따라오는 '정년 미아'
④ 하루 세 끼 밥 차려줘야 하는 '삼식이'

'공포의 거실 남'이나 '파자마 맨'은 같은 부류의 남편이다. 파고다 공원이나 지하철을 타보면 거의 다 노인들인데 아직도 매일 거실에서 잠옷 바람에 빈둥거리는 남편이 있다니 말만 들어도 보기 싫다.

한국도 시골에서는 그런대로 남편만이 해야 하는 일거리가 있어서 노인일망정 남편의 능력을 보여줄 수 있다. 그러나 대도시의 고층 아파트 생활은 남편의 역할 범위를 제거해버린 공간이다.

남자들이 남자다움을 보여주기 위해서는 보여줘야 할 건수가 있어야 하는데 아파트 생활은 그렇지 못하다. 예를 들면 벽에 못을 박는다거나, 집수리라도 한다든가, 마당 청소를 한다거나, 뭐 이런 일감이 있어야 남편의 능력을 보여줄 것이다.

집안일을 열심히 하는 아내와 일의 균형이 맞아야 하는데 그게 안 되기 때문에 아내는 늘 밑지는 기분이고 불만이 표출된다. 여기서 남편이 알아서 자발적으로 집안일을 했으면 좋겠으나 그렇지 못하면 부인이 교육 차원에서 장보기 심부름도 시키고, 집 안 청소도 시키고, 이런저런 일들을 가르쳐주는 게 옳지 구박한다거나 왕따시키는 것은 일을 그르칠 수 있다.

부담스러운 남편은 한국과 일본에서만 일어나는 현상이다. 미국인들은 부부생활 시작부터 같이 일처리를 해나가고 네 일, 내 일이 없다. 미국에서는 은퇴 후에 집 안에서 남편이 빈둥댄다는 말은 부인도 빈둥댄다는 말이 된다. 둘이 같이 빈둥대면 구태여 꼬집을 게 없다.

두 번째, 어딜 가나 따라오는 '정년 미아'

한국에서는 남자는 남자들끼리 만나고, 여자는 여자들끼리 만나는 데서 발생하는 문제다. 남편은 은퇴 후에 돈 없이 직장 동료나 친구들을 만날 수 없어서 어딘가 갔으면 하는데, 갈 곳이 없다. 여자는 여자들끼리 만나 계속 친구 관계를 유지한다. 직업상, 체면상 여러 가지로 얽혀 있는 관계가 아닌지라 계속해서 만나도 된다.

갑자기 심심하고 외로운 남편이 따라나서겠다니 부담이 되는 거다. 여자들끼리만 만나야 하는데 남편이 끼겠다니 이게 웬 망신살인

가. 하지만 남편이 남자들끼리 만나는 걸 대폭 줄였으니, 아내도 여자들끼리 만나는 걸 줄여서 보조를 맞춰야 균형이 맞을 것이다.

　이 역시 미국에서는 발생하지 않는 일이다. 결혼 시작부터 부부가 남자친구, 여자친구 부부 동반으로 만나왔기 때문에 늙어서 같이 나가는 게 따라나서는 게 아니다. 자연스럽게 같이 가는 거다.

　'삼식이'라는 말도 이해하기 힘든 부분이다. 어느 남자가 밥도 짓지 못하는 남자도 있던가? 바보가 아닌 다음에야. 밥이며 반찬, 이런 거는 누가 가르쳐줘서 아는 게 아니다. 특별한 요리가 아닌 다음에야. 척 보면 할 수 있는 거다. 찾아 먹든지 말든지 내버려두면 자기가 어련히 알아서 먹겠나. 계속해서 챙겨주다 보니 일어나는 현상 같다.

　세탁기 돌리는 것도 가르쳐주어라? 이것도 말이 안 된다. 바보가 아닌 다음에야 이것저것 작동해보면 터득 못하는 사람이 어디 있겠나? TV 켜는 거 안 가르쳐준다고 TV 안 보던가? 말 안 듣는 남편은 '부부생활 재교육' 프로그램에 넣어 듣게 해야 한다.

　미국에서는 처음부터 아내가 '보스'다. 모든 것은 최종적으로 아내가 결정해야 성사된다. 직장일이야 남편이 알아서 판단하겠지만 집안일은 아내가 결정한다. 아내가 집 안에서 생활하는 시간이 더 길고 집안일을 더 많이 알고 있기 때문이다.

　한국에서는 친구 따로, 아내 따로 존재하지만, 미국에서는 아내가 베스트 친구이다. 아내가 없으면 남편은 심심하고 외로워서 살 수 없 듯이, 남편이 없으면 아내는 심심하고 외로워서 살 수 없다.

한국에서 결혼해서 살다가 미국에 이민 온 부인들의 이야기를 들어보면 한결같이 남편과 늘 같이 있어서 행복하다고 한다. 한국에서 살 때는 매일 친구들과 술 마시고 놀다가 밤늦게 집에 들어오곤 했는데 미국에서는 남편이 갈 곳이 없어서 부인과 붙어만 지내기 때문에 살 것 같다고 한다. 어딜 가나 부부가 붙어 다닌다. 나이가 들었을망정 신혼부부 같다고들 한다.

미국인들이나 한국인 동포들은 늙은 남편을 부담스러워하기보다는 먼저 떠나갈까봐 두려워한다. 배우자를 잃는 게 가장 큰 충격이고, 가장 큰 스트레스이며 우울증에 걸릴 정도이기 때문이다. 그뿐만 아니라 배우자가 있는 사람은 배우자가 없는 사람보다 오래 산다. 복 중의 복은 인연 복이라고 했다. 인연 복 중에서도 잘 어울리는 인연 복은 말해 무엇하랴. 서로 인연이 닿아 만난 부부인데 서로 돕고, 이해하고, 같은 꿈을 지니고 살아가는 거다.

같은 꿈속에는 100세까지 같이 사는 것도 포함되어 있다. 우리는 축복받은 세대다. 꿈의 시대 100세까지 살 수 있다니 얼마나 좋은가.

39 향수병

미국에 처음 온 유학생이나 이민자들은 향수병에 시달린다. 향수병은 떠나온 고향을 몹시 그리워하는 병이다. 증상은 구체적으로 질병으로 보기에 애매하고 의학적으로 볼 때는 우울증에 가깝다. 우울증, 조울증 등 다양한 증상들이 나타나며, 심할 경우 섭식장애 같은 육체적인 질병까지도 수반한다.

심리상담사에게 치료받을 수도 있겠으나 실제로는 살다 보면 차츰 나아지는 증세다. 사람에 따라서 다양하게 나타나는데 전혀 증세가 없이 미국이 좋아서 신나는 사람이 있는가 하면 증상이 심해서 머리를 싸매고 드러눕는 사람도 있다.

친구도 생기고 일이나 공부에 열중하다 보면 보통 2~3년이면 증세가 가신다. 하지만 어떤 사람은 우울증으로 진행하면서 죽고 싶어 하는 사람도 있다. 증세가 심할 때는 한국으로 돌아가서 몇 달 놀다가 돌아오면 향수병 증세가 사라진다. 사라지는 이유는 기대하고 돌아갔던 한국 고향에서 사람들이 반겨주지 않는다는 사실을 알게 되고, 자신이 설 곳이 아니라는 사실을 깨닫게 되기 때문이다.

40 미국이 한국보다 살기 좋은 이유 11가지

한국보다 미국이 살기 좋은 이유가 뭘까? 내가 카톡으로 지인들에게 설문조사를 했더니 다음과 같이 나왔다.

① 미국은 기회의 나라다.
② 치열한 경쟁이 한국보다 덜하다.
③ 남을 부러워하지 않는다.
④ 서민도 골프를 치는 풍요롭고 럭셔리한 삶이다.
⑤ 자연이 손때 묻지 않고 그대로 보존되어 있어서 좋다.
⑥ 노력의 대가를 저버리지 않는다(국가를 위해 일한 사람은 죽어서도 대가를 받는다).
⑦ 남의 눈치 보지 않고 나 좋으면 하는 나라이다.
⑧ 부자나 가난한 사람이나 같이 어울려 식사하고 대등하게 지낸다.
⑨ 생활 공간이 넓어서 긴장을 풀고 느리게 산다.
⑩ 연령차별, 성차별이 없다(이력서나 인터뷰에서 나이를 묻는 게 위법이다).

⑪ 미국은 믿고 기댈 만한 세계 최강의 국력을 지닌 국가이다.

모두 맞는 말이다. 거기에다가 더 보탤 게 있다면 물가가 한국보다 싸다는 점이다. 물론 집값도 싸고. 이런 것들은 미국에 적응하고 오래 산 사람들이 하는 말이다.

서울의 고층 건물, 지하철, 백화점, 극장과 공연 무대 등을 즐기다가 미국의 대도시랍시고 와보면 보잘것없이 초라해 보인다. 한국의 한적한 시골 도시 같다. 이것이 한국 문화에 젖어서 살던 사람이 미국에 와서 실망하는 이유 중의 하나다.

근간에 미국에 살러 왔다가 끝내는 적응하지 못하고 돌아가는 사람들이 겪는 심정이 바로 이래서다. 고독하고 한적하고 심심해서 못 살겠다고 말한다.

미국 유학생의 부인이 쓴 글을 읽어본 일이 있는데 미국은 의료보험이 너무 비싸서 한국에서처럼 병원에 드나들 수 없다는 하소연이었다. 맞는 말이다. 하지만 이것도 내용을 알고 보면 그렇지만도 않다.

학생 건강보험이라는 게 따로 있어서 학생들이 학교생활을 하다가 병원 치료가 가능하다. 방학 기간에는 가족보험에서 커버한다. 외국 학생은 자비로 건강보험료를 부담하기 때문에 비싸다는 말이 나온다. 건강보험이 없는 사람은(유학생 포함) 저소득층 치료 병원이 따로 있다. 무료로 치료해주지만 살아생전 소득이 있을 때는 반드시 치료비를 갚아야 한다. 일반 미국인들은 건강보험료를 직장에서 전액 커버해주든가 차등 커버가 법으로 규정되어 있다.

  미국에서 한 5년 정도 살다 보면 미국의 좋은 점이 눈에 들어오기 시작하는데 삶의 질, 가난한 자나 노약자를 위한 정부의 배려, 균등한 교육의 기회 등을 종합해볼 때 미국이 한국보다 살기 좋다는 결론이 나온다.

  미국은 총기사고도 많고, 동양인 혐오도 있고, 밤 문화도 무섭고, 강도에게 노출될 확률이 높은데도 불구하고 지구상에서 살기 좋은 나라로 꼽히는 까닭에는 이유가 있을 것이다. 그 이유로 미국은 자유의 나라이기 때문이다.

  자유라고 하면 언뜻 듣기에 별것 아닌 것처럼 들리지만 인간 존엄에 매우 중요한 요소다. 한국에서 사는 한국인들은 자신이 충분한 자유를 누린다고 생각한다. 나도 그런 줄 알았는데 미국에서 오래 살다 보니 한국에서 사는 한국인들은 충분한 자유를 누리지 못한다는 걸 알게 되었다.

  한국에서 사는 한국인들은 가족, 친척, 친구, 심지어 이웃의 눈치를 보면서 산다. 옷을 골라도 남의 눈에 어떻게 보일까를 염두에 둔다. 내게 편한 옷은 그 다음이다. 멋지게 보이기 위해서 쓴 커피도 참고 마신다. 품격을 높이기 위해서 명품을 걸친다.

오죽하면 "롤렉스 시계 차고 컵라면 먹는다"라는 말이 나왔을까. 잘 보이려고, 교양 있게 보이려고 포장을 멋지게 한다. 결혼 상대를 고를 때면 주변 사람들을 의식하는 게 극에 달한다.

세계적인 설문조사 전문기업인 '입소스'가 2023년 행복지수 보고서를 발표했다. 2023년도의 조사에서 평균 행복지수는 73%였다. 그런데 한국은 57%로 32개국 중 헝가리의 50%에 이어 2번째로 낮은 국가에 올랐다.

2023년도 행복지수가 가장 높은 나라는 중국으로 91%에 달했다. 이어 사우디아라비아(86%), 네덜란드(85%), 인도(84%), 브라질이 83%였다. 이외에 주요 국가 중 미국은 76%, 영국은 70%, 독일은 67%, 그리고 일본은 60%로 나왔다.

'입소스'는 행복지수를 위해 삶에 만족하는 항목을 30개로 정해 행복도를 평가했다. 자녀, 부모와 배우자와 관계, 개인의 안전과 안정, 뉴스나 정보 접근성, 자연과의 접근성, 교육 수준, 물질적 소유, 국가의 경제 상황, 국가의 사회적, 정치적 상황, 신체적 활동, 로망스와 성생활, 재정 상황 등이다.

한국의 경우 자녀가 78%, 부모와 배우자와 관계가 73%로 높은 편이었다. 이어 개인의 안전과 안정이 66%, 친척과의 관계가 64%, 교육 수준이 60%로 5개 항목만 60%를 넘겼다. 반대로 국가의 경제 상황이 21%로, 국가의 사회적, 정치적 상황이 23%로 가장 낮았다.

특히 주목해야 할 점은 삶의 의미를 갖는 것에 대해 34%로 나와 모든 조사 대상 국가 중 가장 낮은 점수를 보였다. 세계 평균이 73%이고, 한국을 제외하고 가장 낮은 국가인 폴란드도 56%가 됐다.

행복의 핵심요소로 삶의 의미를 느끼는 것이 가장 높은 가중치를 갖고 있다는 것을 감안하면 한국인은 가장 불행한 삶을 살고 있는 셈이다.

2021년 OECD 국가의 자살률 한국은 10만 명당 26명으로 1위, 미국은 10위로 14명이다. 특히 70세 이상 노인 남성 자살률은 한국이 81.8명으로 가장 높은 수치이다.

한국은 하루의 근무시간인 8시간을 넘겨도 퇴근하지 못한다. 생뚱맞게 '칼퇴근'이란 단어가 탄생? 자유를 상실한 직원? 관습에서 벗어나지 못한다. 그러면서 남을 의식하는 것이 당연한 것으로 간주한다. 더불어 사는 방편으로 생각한다. 남을 의식한다는 것은 나의 자유를 포기한다는 의미가 되겠다.

나는 요즈음 탈북자들이 하는 유튜브를 보는데 탈북민들이 북한에서 살 때는 자유가 무엇인지 몰랐다고 말한다. 자유의 귀중함을 모르고 살았다. 남한 사람들이 볼 때 자유는 한 톨 없이 억압받고 사는 게 빤히 보이는데 북한 사람들은 그것을 느끼지 못했다니? 쿠린내를 오래 맡다 보면 코가 마비돼서 쿠린내가 쿠리지 않은 것과 같다 하겠다. 그와 마찬가지로 미국에서 오래 살다 보면 한국에서 말하는 자유라는 것이 한국식 자유라는 것을 알 수 있다.

   미국에서 살려고 온 한국인들은 가끔 엉뚱한 짓을 한다. 콧수염을 기른다거나 머리 염색을 갈색으로 한다거나 애 아버지가 찢어진 청바지를 입는다. 이것은 한국에서 누려보지 못했던 자유를 미국에서 누려보는 과정이다.

   말이 나온 김에 한 가지 덧붙인다면 한국에서는 자식을 공부시키면서 자식이 성공하기를 바란다. 성공하기 위해서는 얼마나 치열한 경쟁에 휘말려야 한다는 것을 우리는 다 안다. 그러면서도 성공, 성공을 외친다. 성공은 누구를 위한 것이며 성공해서 무엇에다가 쓰려는가?

   미국에서는 자식을 공부시키면서 자식이 성공하기를 바라지 않는다. 자식이 행복하기를 바란다. 성공하기 위해서 사는 인생과 행복하기 위해서 사는 인생은 다르다. 백의 하나, 천의 하나인 성공을 위해서 하는 공부는 치열한 경쟁과 스트레스를 이겨내도 될까 말까다.

   하지만 행복을 위해서 하는 공부는 내가 좋아하고 재미있어서 하는 공부여서 즐길 수 있다. 공부가 곧 행복이다. 시키지 않아도 자기가 좋아서 스스로 노력한다. 인생 다 살고 보니 인생은 성공이 아니라 행복이더라는 답은 이미 나와 있었다. 유튜브 LA 아줌마에 의하면 미국이 한국보다 살기 좋은 이유 10가지를 소개하고 있다.

① 캘리포니아 LA는 공기와 날씨가 좋다.
② 아이들 학교 교육에서 공부만 하기보다는 체육, 음악, 미술 등 과외 교육이 다양한 점이다.
③ 자영업을 하더라도 경쟁이 심하지 않아서 여유 있게 살만하다.
④ 미국은 빈부의 격차가 심하기는 하지만 가난해도 생활에 지장 없이 살 수 있다.
⑤ 미국은 자동차의 종류가 다양해서 선택의 폭이 한국보다 10배는 넓다.
⑥ 식료품을 위시해서 미국은 한국보다 물가가 싸다.
⑦ 한국서처럼 빨리빨리 문화가 아니라 느리게 활동한다.
⑧ 다른 사람들의 외모에 관심이 없다.
⑨ 명품, 네임 브랜드에 민감하지 않다. 부러워하지 않는다.
⑩ 한국에서는 한민족이 함께 살기 때문에 글로벌 경험이 다양한 민족이 사는 미국에서 사는 것에 비해서 시야가 좁다.

41 미국 문화와 한국 문화의 충돌

 5살 먹은 아들을 유치원에 보낸 엄마의 이야기이다. 아이 엄마는 "학교에서 전화를 받았는데 교사가 매우 무례한 말투로 '역겹고(Disgusting)', '부적절한(Inappropriate)' 도시락을 싸지 말아주었으면 좋겠다"라고 말하더란다. 전화를 받은 아이 엄마는 당황했다.
 아이를 위해서 담당 교사와 좋은 관계를 유지해왔고 앞으로도 유지해야 하는데……. 피뜩 아이 도시락에 김치, 치즈를 싸서 준 게 떠올랐다. 학교 측은 "도시락의 불쾌한 냄새가 주변 학생에게 방해가 된다"라는 주장이다. 내가 아들에게 싸주는 도시락이 다른 학생들의 주의를 산만하게 하고 불쾌한 냄새를 풍긴다고? 아이 엄마는 "아들이 좋아하는 음식을 싸준 것이 잘못된 것인가?" 하는 생각이 들었다.
 이후 학교 측에서 아이 엄마에게 도시락 문제와 관련해 이메일을 보내왔다. 학교 측은 이메일에서 "학부모의 입장을 받아들일 수 없다. 냄새나는 도시락을 싸서 학교에 보내는 것은 적절하지 않다"라고 통보했다.
 한인 학부모는 학교의 처사가 부당한 것 같은데, 교사와 좋은 관계는 유지하고 싶고, 어떻게 해야 할지 몰라 혼란스러웠다. 궁리 끝에 자신(아이디 : flowergardens0)이 즐겨 찾는 유명 온라인 커뮤니티 레딧(Reddit)에 사연을 올렸다. 댓글이 5,600개가 넘게 달렸다. 그 내용들을 보면 다음과 같은 의견들이 주를 이뤘다.

'당장 학교 교장에게 보고해야 한다. 그 교사는 인종차별주의자로 학교에서 가르치기에 부적합하다(아이디 : thatshygal717)'
'교사에게는 특정 음식을 먹을 수 없다고 말할 권리가 없다 (아이디 : Wall2846)'
'교사는 불편함에만 관심을 갖지 말고 이번 도시락 이슈를 아이들이 다양성에 대해 배울 기회로 활용했으면 어땠을까(아이디 : ambien)'

레딧(Reddit)에서는 현재 해당 게시물에 대한 댓글 기능을 차단했고, 글을 쓴 한인 학부모의 계정은 삭제된 상태다. 하지만 이 글은 이미 구글이나 다른 온라인에서 확인할 수 있다.

사건을 유추해보건대 학교 측에서 레딧에 항의 내지는 다툼의 여지를 보였을 것으로 추정된다. 이 사건의 발단은 한국과 미국의 문화적 충돌에서 빚어진 일이기도 하고 예의범절에서 나타난 현상이기도 하다.

이탈리아계 미국인 줄리아니 전 뉴욕 시장이 선거에서 승리한 다음 피자집에서 점심을 먹었다. 기자들이 몰려들어 인터뷰를 요청했다. 줄리아니 시장은 나이프와 포크를 사용해서 점잖게 피자를 먹고 있었다. 옆에서 지켜보던 기자가 물었다.

"나이프와 포크로 피자를 먹는 건 이탈리아 방식이 아닌가?"

줄리아니는 즉석에서 나이프와 포크를 내려놓고 손으로 피자 조각을 집어 들었다. 미국인들은 피자를 손으로 집어서 먹는다. 방식에는 여러 가지가 있겠으나 풍습과 경우에 맞는 방식이 가장 좋은 방식이다. 피자를 어떻게 먹든 그거야 내 맘이지만 다른 사람이 보기에 거부감이 없는 방식을 택하는 것이 적절한 방식일 것이다.

아이가 스테이크를 좋아한다고 해서 점심으로 스테이크를 싸 들고 가지는 않는다. 점심은 점심때 어울리는 샌드위치나 김밥 같은 음식이라야 적절하다.

좋은 향수 향이건 구수한 커피 냄새이건 냄새도 때와 장소를 가린다. 방귀가 마려워도 여러 사람이 모인 장소에서는 참는 게 예의이다. 예나 지금이나, 하물며 한국인 중에서도 김치 냄새를 싫어하는 사람도 많다. 아무리 아이가 김치를 좋아한다손 치더라도 5살 먹은 유치원 아이 점심으로 김치를 싸서 보내는 건 좀 그렇다.

42 김치와 미국인들

캘리포니아 주의회가 매년 11월 22일을 '김치의 날'로 지정해 기념하는 결의안을 통과시켰다. 한국이 김치 종주국임을 명시하고 김치의 역사 등을 홍보하는 내용도 담았다.

한국에서 '김치의 날'이 11월 22일로 정해진 까닭은 배추와 무 등 주재료에 다양한 양념 재료 하나하나(11월)가 어우러져 22(22일)가지 효능을 나타낸다는 뜻을 내포하고 있다.

미국의 크고 작은 도시와 세계 여러 나라가 경쟁하듯 김치의 날을 선포한다. 심지어 저 먼 남미의 아르헨티나 상원이 김치의 날로 지정하는 안건을 만장일치로 통과시켰다는 소식도 있다. '김치의 날' 제정이 한국 음식의 우수성과 문화를 타인종에게 널리 알리는 계기가 되어가는 것은 환영할 만한 일이다.

미국에서 살면서 종종 느끼는 일이지만 미국인들은 '김치' 하면 한국인, '한국인' 하면 김치를 떠올린다. 한국을 대표하는 음식에는 불고기, 잡채, 고추장 같은 독특한 음식들도 있지만, 그중에서 김치가 으뜸이다.

  우리야 늘 먹는 음식이어서 새로운 것도 없지만, 난생처음 김치 맛을 본 사람은 그 매운맛에 고개를 절레절레 흔든다. 그리고 만나는 사람마다 자신의 경험담을 자랑삼아 말해주곤 한다.

  맵고 톡 쏘는 강렬한 맛 때문에 한 번 김치를 먹어본 미국인은 잊을 수 없는 기억으로 각인되기 때문이다. 한국인의 밥상에는 김치가 빠지지 않고 등장하는 것도 기억으로 각인시키는 이유 중의 하나이다. 그뿐만 아니라 세상 어디에도 없는 오직 한국에만 있는 김치냉장고를 보고 놀라기도 한다.

  세상에서 김치처럼 종류가 다양하고 맛도 가지각색인 음식도 없을 것이다. 계절에 따라서 다양한 김치가 있는가 하면 지방에 따라서 특색과 맛을 달리한다. 김치를 종류별로 따지자면 백여 가지는 되지 싶다.

  김치는 처음 담가 설익었을 때부터 막판에 시어 꼬부라질 때까지 버릴 게 하나도 없다. 한국인은 다른 반찬이야 없어도 살지만, 김치가 없으면 못 산다. 김치에 돼지고기와 두부를 넣고 끓인 김치찌개가 맛있다고 느껴지면 김치 맛을 좀 아는 사람이다. 신김치까지도 사랑해야 진짜 김치 마니아라 할 수 있다.

  하지만 아무리 김치가 한국을 대표하는 음식이라 하더라도 한국인이 다 좋아하는 건 아니다. 나 역시 어려서는 김치를 싫어했으니까. 내가 어렸을 때는 어른들이 김치를 물에 씻어서 주었고 또 반찬이 김치밖에 없어서 할 수 없이 먹었던 기억이 난다.

　가끔 한국 식당에서 미국인들이 김치 찾는 걸 보면 기특해서 다시 쳐다보게 된다. 70년대 초에는 샌프란시스코 지역에 한국인이 별로 없었다. 한국 식품점도 없어서 일본 식품점을 이용했다. 일본 식품점에는 당연히 김치는 없었다. 한국인들은 배추를 사다가 집에서 직접 담가 먹었다.

　김장하듯이 한꺼번에 여러 병 담가 냉장고에 넣어두고 먹었다. 김치를 처음 담갔을 때는 냄새가 나는 줄 모르다가 숙성해 가면서 가스를 발산하고 냄새도 뿜어낸다. 김치가 시어 가면서 풍기는 냄새는 가히 지독하다.

　신김치 뚜껑을 열 때면 아무리 내가 한국인이라고 해도 고약한 냄새에 코를 막아야 할 지경이다. 미국인은 물론이고 일본인도 김치 냄새라고 하면 고개를 절레절레 흔들면서 도망가곤 했다. 한국인을 흉볼 때면 마늘 냄새, 김치 냄새를 풍긴다고 놀려댔다.

　김치 냄새를 싫어하는 미국인들 중에는 대놓고 썩는 냄새 같다느니, X 냄새 같다느니 하는 사람도 있었다. 썩은 음식을 먹고도 배탈이 나지 않느냐고 묻기도 했다.

　한국인들은 김치 먹는 게 무슨 죄를 짓는 일인 양 숨어서 먹어야 했다. 김치를 먹고 나면 껌을 씹든가 양치질해서 냄새를 제거하는 수고를 마다하지 않았다.

　대한항공이 처음 미주에 취항했을 때만 해도 기내식에 김치를 놓는다는 건 상상도 할 수 없었다. 김치 냄새는 곧 후진국 냄새를 상징했으니까. 김치가 무슨 죄가 있겠는가. 나라가 가난하다 보니 한국인들도 주눅이 들어서 기를 못 펴고 살아야 했고 덩달아 김치도 기가 죽어 있었다.

어려서 내가 학교에 다닐 때는 '초등학교'가 아니라 '국민학교'였다. 나라가 가난하던 시절이라서 한 교실에 70~80명이 콩나물시루처럼 다닥다닥 붙어 앉아서 공부했다.

내가 5학년이었던 어느 날 담임선생님이 전학해온 아이를 데리고 교실에 들어섰다. 그날따라 선생님은 기분이 좋아서 싱글벙글하면서 아이를 소개하더니 교실 중간쯤에 앉아 있는 나를 뒷자리로 옮겨 앉게 하고 새로 전학해온 아이를 그 자리에 앉게 해주었다.

내가 내놓은 자리는 교실에서 공부하기에 딱 좋은 자리였는데……. 꼼짝없이 물러나면서 억울하기도 하고 부끄럽기도 하면서 얼굴이 달아올랐다. 선생님은, 아이들은 어려서 아무것도 기억하지 못할 거로 생각할는지 모른다. 하지만 그날의 부당한 처사로 억울하고 분했던 느낌은 지금까지도 생생하다.

나중에야 알게 된 사실인데 새로 전학해온 아이의 아버지가 지방에서 국회의원에 당선되어 서울로 전학해왔다고 했다. 부잣집 아이가 으레 그랬듯이 국회의원 아들도 우리 반에서 특별대우를 받았다.

특별대우를 받는다는 것은 껍적대기 좋아하는 애들도 그 아이에게는 짓궂게 굴지 못한다거나, 덩치 크고 힘센 아이들이 점심 먹을 때 그 아이의 반찬을 뺏어 먹지 않는 등 좋게 말하면 배려, 다르게 말하면 우대해주는 것을 의미한다.

  담임 선생님도 그 아이에게는 눈길을 더 주는 것 같았다. 어떤 때는 교장 선생님도 반에 들러 공부하는 모습을 지켜보고 가셨다. 이상한 것은 아버지가 국회의원 신분으로 바뀌었을 뿐 그의 아들은 아무것도 바뀐 게 없는데도 대우를 달리 받았다.

  88올림픽을 치르면서 한국의 위상이 한 단계 높아졌다. 한류 열풍도 일었다. K팝과 연속극 그리고 한류 콘텐츠는 모두 차원이 달라졌고 위상도 달라졌다. 받는 대우도 달라졌다. 한국이 선진국에 진입하면서 덩달아 김치도 떳떳한 음식으로 대우받는 세상이 되었다. 과학적인 발효 식품이다, 웰빙 식품이다, 비타민이 풍부한 영양 식품이다, 선조들의 지혜가 숨겨져 있다 등등의 해석과 근거를 곁들어 고급 식품으로 격상되었다.

  어찌 된 일인지 미국인들도 김치를 찾아 한국 식당에 들르기도 하고 미국 식품점에서 김치를 팔기도 한다. 하다못해 세계 여러 나라가 서둘러서 '김치의 날'을 선포하기에 이르렀다.

  한국이 잘 사는 나라가 되고 선진국 대열로 들어가다 보니 김치도 같이 격상되었다. 김치는 옛날이나 지금이나 아무것도 바뀐 게 없는데 받는 대우는 달라졌다. 마치 국회의원의 아들처럼.

43 껍데기를 까고 나서는 용감한 사람들

아침 해가 빵끗 솟았다. 산뜻한 기분에 동네를 한 바퀴 걸었다.

앞마당에 '50세 생일을 축하한다'라고 쓰인 커다란 배너를 내건 집이 눈길을 끌었다. 동네방네 우리 집 주인 양반이 아니면 부인이 50세가 되었다고 대형 광고를 하는 게 아닌가? 나는 축하 메시지를 보면서 참 멋지다는 생각이 들었다.

남편의 나이인지, 아내의 나이인지는 모르겠으나 아무튼 듬직한 나이임에는 분명했다. 생일날 아침에 일어났더니 앞마당에 대형 광고성 축하 메시지가 등장했다면 얼마나 놀랍고 행복하겠는가? 이러한 광고성 축하 메시지는 '생일파티 준비' 비즈니스에서 맡아 해결해준다. '생일파티 준비' 가게에 전화하면 어떻게 할 것이냐에 따라 이벤트를 만들어준다. 이 배너는 아내가 남편을 놀래주려고 깜짝 설치해 놓았을 수도 있고 그와 반대로 남편이 아내를 즐겁게 해주려고 깜짝쇼를 벌렸을 수도 있다.

누가 누구를 위해서였든 동네 사람들이 모두 축하해주는 분위기이고 나 역시 축하해주지 않을 수 없었다. 공개적으로 대놓고 까발리는 미국 문화에 찬사를 표하고 싶다.

32세의 영국 여성 빈센트는 14세 소년과 성관계를 하고도 무죄 판결을 받았다. 미국이나 영국에서는 미성년자와 성관계를 갖게 되면 미성년자의 동의 여하와 관계없이 중범에 처한다.

한 예로 2021년 1월 1일자 신문에 11세 소년과 성관계를 맺다 미성년 성폭행 혐의로 기소됐던 한인 여성 수현 딜런(44) 씨에게 10년의 실형이 선고됐다는 기사를 보자.

『수현은 1급 아동 성폭행 혐의에 대해 유죄를 시인한 바 있다. 검찰에 따르면 수현은 남편이 코치로 있는 라크로스팀에서 선수를 관리하는 일을 맡으면서 피해 소년과 친하게 됐고 이 소년이 10살 때 먼저 접근해 키스했고 결국 성관계로 이어졌다.』

하지만 빈센트(32세) 여성은 14세 소년과 성관계를 했음에도 불구하고 무죄가 선고되었다. 빈센트는 집 근처에서 축구하며 놀고 있던 14세 소년을 집으로 데려가 성관계를 했다가 재판에 넘겨졌다. 빈센트는 법정에서 성관계를 맺기 전, 그가 14살이라는 것을 밝히지 않았고, 나도 그가 미성년자라고는 생각할 수 없을 정도로 성숙했음을 강조했다.

그뿐만 아니라 소년은 13살 때 페이스북에 가입해서 게임을 하려고 나이를 17세로 거짓 입력하고 그동안 까맣게 잊어버리고 있었다.

그로 인하여 성관계 당시 거짓으로라도 18세가 되었다.

배심원이 남자 8명, 여자 4명으로 구성되었는데 배심원단은 무죄로 결론 내렸다. 빈센트는 재판이 끝난 후 "인생에서 가장 힘든 2년이었다. 나를 믿어준 모든 사람에게 감사한다"라고 말했다.

여기서 주목해야 할 점은 32세 여성이 한 점 부끄러움 없이 자신을 정정당당하게 공개한 점이다. 자신의 사진이 인터넷에 나가는 것을 개의치 않았다. 이것은 그녀의 정신건강에 도움이 되기 때문이다.

한국이라면 과연 이런 사실을 공개하는 것이 가능할까? 설혹 남자라고 하더라도 공개적으로 떳떳하게 나설 수 있을까? 나서면 뻔뻔스럽다고 할 것이다. 뻔뻔스럽다고 하거나 말거나 까놓고 나서는 사람이 용기 있는 사람이다. 빈센트 당신은 용감한 여성으로 찬사받아 마땅하다.

44　미국 공동묘지

쾌청하고 따스한 게 전형적인 캘리포니아의 봄 날씨다. 작은 누님 기일이 돼서 산소엘 들렀다. 미국 산소라는 게 봉분 없이 평평하게 되어 있어서 비석도 네모 번듯하고 납작하다. 그것도 간격은커녕 빈 틈없이 다닥다닥 붙어 있어서 촘촘히 들어선 형국이다. 공동묘지가 마치 군대 연병장에 가로세로 줄을 맞춰 늘어서 있는 게 열병식을 사열하는 것 같다.

누님의 산소는 중간쯤에 자리 잡고 있어서 찾아가려면 여러 산소를 지나가야 한다. 매번 느끼는 거지만 걸어간다는 게 실은 누워 있는 시신 위를 밟고 다니는 격이다. 산소를 밟고 다니는 게 죄스러워서 피해 가면서 디디려면 비석을 밟아야 한다. 남의 시신을 밟고 또 비석을 밟아가면서 걷는 게 한국인 정서로는 받아들이기 어렵다.

죽은 사람에 대한 예의가 아니라서 죄의식마저 느낀다. 우리네 조상숭배사상으로는 이해하기 어렵다만 미국인들은 모든 걸 과학이라는 잣대로 해석하니 우리와는 다른 결론에 이른다. 시신은 하나의 사물에 불과하다고 여기는 미국인들에게는 구태여 넓은 땅을 차지할 이유가 없다. 그저 한 사람 겨우 누울 자리만 차지하면 그로서 족하다. 그것도 100년 후에는 자연 소모가 되어도 그만이라는 서류에 서명한다.

미국은 대륙이다. 어딜 가나 땅이 넓어서 평원이 끝없이 펼쳐진다. 가도 가도 끝없는 빈 벌판이다. 고속도로를 달리다가 화물열차를 만나면 연결량이 끝없이 길다. 몇 칸이나 달고 가는지 세어보다가 그만둔 적이 여러 번이다.

보통 화물칸 120~140량을 매달고 달린다. 앞에서 기관차 3량이 끌고 중간에 2량이 있는가 하면 맨 뒤에 기관차 3량이 밀고 간다. 땅이 넓으니 화물차도 그에 걸맞게 길다.

땅이 아무리 넓어도 죽은 사람은 한 평 이상은 차지할 수 없다. 부자도 가난한 자도 대통령도 노동자도 모두 한 평 땅으로 만족해야 한다. 누가 만든 법규인지 공평하다는 생각이 든다.

한국에는 엉뚱하게도 조상을 잘 모셔야 후손이 번창한다고 해서 조상의 묘를 거창하게 꾸민다. 왕릉부터 지금의 동작동 대통령 묘라든가 재벌의 묘는 어마어마하게 꾸려놓았다. 묘 하나가 차지한 땅만도 수천 평이다. 땅덩어리도 좁은 나라에서 죽은 자가 차지하는 땅치고는 너무 넓다.

미국 국토를 한국 국토에 비하면 99배나 넓다. 땅이 넘치고 남아도는 미국에서는 누구를 막론하고 죽은 자가 차지하는 땅은 겨우 한

평인데, 땅이 부족해서 오밀조밀 좁게 사는 한국에서는 죽은 자가 땅을 마음껏 차지하고 누워 있어도 된다니 이거야말로 아이러니가 아니고 무엇이냐?

제3부

미국 문화 이해하기

미국은 장애인에 대한 배려가 유별나다. 이것은 누구라도 장애인이 될 수 있다는 개념에서 이뤄지는 배려다. 미국에서 버스를 타면 한국과는 달리 휠체어를 탄 장애인도 많이 볼 수 있다. 버스 내 장애인이 타는 공간도 따로 마련되어 있어서 버스 기사는 휠체어를 탄 장애인이 전용 공간에 잘 탑승할 수 있도록 직접 도와준다.

45 미국에서 쓰는 단위와 한국에서 쓰는 단위

한국과 미국은 계량, 계측, 측량 등 각종 무게나 길이, 부피, 속도, 압력, 온도 따위를 기계나 기구로 재어 계산하고 측정하는 단위가 다르다.

1파운드(Pound) = 16온스(Ounce)

1파운드(Pound) = 0.453킬오그램(Kilogram) = 453그램(Gram)

1마일(Mile) = 1.6킬로미터(Km)

1인치(Inch) = 2.54센티미터(Cm)

화씨(Fahrenheit) 32도 = 섭씨(Degree Celsius) 0도

1갤런(Gallon) = 3.78리터(Liter)

한국인들이 미국에서 헷갈리는 것 중의 하나가 각종 계량의 단위이다. 미국인들은 자연스럽게 자기네 단위를 쓰지만, 한국인의 머리로는 계산부터 해야 하기 때문이다. 당장 주유소에서 기름을 넣고도 언뜻 계산이 안 된다. 이런 각종 지표가 미국식으로 받아들여지려면

합당한 시간이 지나야 가능하다.

   한국에도 전통적으로 사용하던 치수 즉 치, 푼, 근, 평 따위가 있지만, 지금은 국제적으로 인정된 미터, Kg, Km 등 국제적 단위를 사용한다. 하지만 미국은 미국이 전통적으로 사용하던 단위를 그대로 사용한다. 미국만 그런 게 아니라 캐나다 역시 캐나다의 전통 단위를 그대로 사용한다.

   미국에서 이웃 나라 국경을 넘어 캐나다로 가면 일단 주유소에서부터 주유 용량의 단위가 다르다. 미국은 미국식 갤런을 사용하고 캐나다는 영국식 갤런을 쓰기 때문에 용량에 차이가 있고 당연히 가격도 가늠하기 어렵다.

46 미국인들의 상품 판매 가격 99센트

왜 미국인들은 한국서처럼 간단하게 한 박스에 '1만 5천 원' 하지 않고 복잡하게 파운드당 '1달러 99센트'라고 붙여놓아 사람을 헷갈리게 하는가? 그뿐만이 아니라 미국에서 물건을 사려고 하면 상품마다 '99센트'라고 붙어 있다. 예를 들면 100달러짜리 상품을 100달러라고 하지 않고 99달러 99센트라고 붙여놓았다.

이 방법은 유대인들의 상술에서 기인한다. 100달러 하면 비싸다는 느낌이 오지만 99달러 99센트 하면 100달러 미만이니까 비싼 것 같지 않다는 생각이 든다. 왜 간단하게 계산하지! 복잡하게 구느냐 할지 모르겠으나 유대인들의 생각은 다르다.

모든 문제의 발단을 따져보면 종이 한 장 차이다. 우리말에도 '아'자 다르고 '어'자 다르다고 했듯이 어감상 조금이라도 싸게 들린다면 못할 이유가 없다는 식이다.

세상에서 가장 어려운 게 남의 지갑을 열게 하는 것인데 그까짓 간단한 머리 쓰는 게 무슨 대수이냐. 상품 팔기가 얼마나 어려운 건데 그만한 노력도 없이 거저먹으려 드느냐 하는 것이다.

47 미국은 가족 중심의 생활이다

한국은 예로부터 밖에서 사람을 만나고 밖에서 대인관계가 이루어진다. 이런 시스템은 한국의 서민 생활에서 나온 풍습이다. 한국의 전통적 양반사회는 밖의 선술집에서 만나지 않고 집 안에서 만난다. 집으로 초대해서 만나는 게 예이다.

서민과 양반의 모임이 다른 까닭은 첫째 집의 구조 때문일 것이다. 양반 집은 집이 크고 손님 접대를 염두에 두고 사랑채를 둔 집이다. 하지만 서민의 집은 손님을 접대할 공간이 없다. 손님이 집에 들어오면 곧 집 식구들과 함께 지내야 하는 구조이다. 이런 관계로 서민들은 밖에서 손님을 만나는 문화가 발달하였다.

밖에서 만나는 문화는 부인과 남편, 즉 안사람과 바깥사람을 구분 짓게 되었다. 바깥사람은 밖에서 바깥사람들과 어울리는 문화가 발달했다. 밤늦게까지 술 마시고 즐기다가 들어온다거나 회사에서 회식 문화가 발달한 이유 중의 하나이기도 하다.

미국에 양반제도는 없지만, 한국의 양반제도와 같은 풍습은 존재한다. 집의 구조가 손님을 접하는 구조이다. 미국 집은 리빙룸(Living

Room)과 페밀리룸(Family Room)이 따로 있다. 리빙룸은 손님을 접대하는 룸이고 페밀리룸은 가족이 모이는 룸이다. 한국의 양반 집 구조, 즉 사랑방과 비슷하다. 그러므로 미국인들에게는 한국 전통 양반 문화처럼 집 안 문화는 있어도 바깥 문화는 없다.

　모든 모임은 가족 중심이다. 남편이나 부인이 퇴근하면 곧바로 집에 온다. 저녁에 따로 만난다는 문화가 없기 때문에 퇴근 후의 시내 중심가는 텅 비어 있다. 한산하다 못해 쓸쓸하고 위험하다. 으스스한 지역엔 범죄가 들끓기 마련이어서 각종 범죄가 벌어지기도 한다. 미국에서 밤에 시내 거리에 나선다는 건 매우 위험하다. 그것도 한국처럼 걸어 다닌다는 건 위험을 자초하는 길이다.

48 '팁' 줘야 하나 말아야 하나?

　미국은 레스토랑 문화가 발달해서 집이 아닌 밖에 나가 먹는 것을 선호한다. 축하할 일이 있으면 당연한 거지만, 보통 날도 주말이면 밖에 나가 저녁을 즐긴다. 레스토랑에서 저녁 먹는 것이 상대방을 위하고 나 자신도 업그레이드시키는 것으로 되어 있다. 미국인들 문화 중의 하나는 고급 레스토랑에서 돈 쓰는 것을 아끼지 않는다는 것이다.
　미국인들은 대화 중에 어느 레스토랑에 갔었다는 말을 자주 열거한다. 이런저런 레스토랑에 다녔다는 이야기에는 음식 맛이 어떻더라는 맛 품평이 빠지지 않는다.
　이러한 대화를 처음 듣는 한국인들에게는 생소하기도 하고 나다니는 걸 자랑하려고 하나 하고 느낄 수도 있겠으나 이것은 어디까지나 미국인들의 레스토랑 문화에서 오는 하나의 화젯거리라는 걸 미리 알고 듣는다면 오해로까지 이어지지는 않을 것이다.
　레스토랑 문화도 발달해서 레스토랑마다 분위기를 살리는 인테리어와 이벤트를 열기도 한다. 젊은 사람들의 데이트나 친구들과 함께 새로운 레스토랑을 찾아다니는 즐거움도 있다.

　한국인들은 한국 식당을 선호하기 때문에 늘 다니던 한국 식당에서 새로운 기분을 느낀다는 건 어려운 일이다. 하지만 미국인들은 다양한 식당을 찾아다닌다. 당연히 새로운 느낌과 분위기를 즐길 수 있다.

　처음 겪는 한국인들은 주말에 자동차 타고 달려가서 레스토랑에서 먹고 돌아오는 게 무슨 재미냐고 말하는 사람도 있다. 그러나 이것이 미국인들의 주말 문화 중의 하나라는 걸 알고 가면 그리 나쁘지 않다.

　미국에서 살다 보면 미국의 전통 문화에 접하게 되는데 그중의 하나가 팁 문화다. 어딜 가나 팁 문화에 부딪히게 되는데 한국인에게는 생소한 문화여서 돈을 거저 주는 기분이다. 그것도 그럴 것이 한국 문화에서는 팁이 관습이 아니며 기대하지도 않는다. 고급 호텔과 레스토랑에는 종종 10%에서 15% 사이의 서비스 요금이 포함되며 청구서에 포함된 것 이상의 서버에 대해 별도의 팁은 없기 때문이다.

　일본에도 팁 문화는 없으며 감사의 표시로 돈을 줄 때는 봉투에 넣어서 준다. 미국서처럼 그냥 팁 주기를 시도하면 혼란스러워하거나 모욕으로 받아들일 수 있다.

　중국은 전통적으로 팁이 없다. 그러나 외국인 관광객에게 일상적으로 서비스를 제공하는 호텔에서는 팁을 줄 수 있다. 투어 가이드 및 관련 드라이버에게도 팁을 준다.

　유럽 국가들은 팁이 청구서에 첨부되어 있다. 카페와 레스토랑에는 세금 평가를 위해 세법에 15% 서비스 요금을 부과하게 되어 있다. 서비스 포함은 팁이 청구서에 추가되었음을 의미한다. 한국에서 Tipping은 관광지에서는 익숙하지만, 관광객이 없는 작은 음식점이나 농촌 지역에서 미국식으로 팁을 주면 경멸로 취급될 수 있다.

　하지만 팁 문화가 발달한 미국은 다르다. 팁은 고객이 서비스 직원에게 관습적으로 제공하는 금액이다. 국가 또는 위치에 따라 술집, 레스토랑, 택시 운전사, 헤어 스타일리스트 등의 서버에 팁을 주는 것이 일반적이다. 한 번 준 팁은 되돌릴 수 없다.

　팁과 금액은 사회적 관습과 예의의 문제이며 관습은 국가와 환경에 따라 다르다. 일부 지역에서는 팁이 권장되지 않고 모욕적인 것으로 간주하는 반면 일부 다른 지역에서는 고객이 팁을 줄 것으로 예상한다.

　미국 정부 공무원과 경찰관이 팁 받는 것은 불법이다. 그들에게 팁은 뇌물로 간주될 수 있다. 레스토랑 및 유사한 식당의 청구서에 고정된 서비스 요금이 추가되는 경우가 있다. 서비스에 대해 수수료가 명시적으로 부과될 때 팁은 줄 필요가 없다.

　팁은 미국에서 사회적 관습이다. 팁은 고객의 재량에 따라 자발적이다. 레스토랑에서는 서비스를 제공할 때 고객 수표의 15~20%의 팁이 관례다. 서버가 음료만 제공하는 뷔페 스타일의 레스토랑에서는 10%가 관습이다.

우수한 서비스에는 더 높은 팁이 제공되고 평범한 서비스에는 낮은 팁이 제공될 수 있다. 나쁘거나 무례한 서비스의 경우 팁을 주지 않을 수 있으며 레스토랑 관리자에게 문제를 알릴 수 있다.

팁은 일반적으로 골프 코스, 카지노, 호텔, 스파, 살롱 및 컨시어지 서비스, 음식 배달 및 택시 서비스에 지불한다. 이때 팁은 수입으로 간주된다. 전체 팁 소득이 20달러 이상이면 근로 소득으로 국세청에 보고해야 한다.

라디오 토크쇼에서 들은 이야기가 생각난다. 하와이의 어떤 식당에서는 영어를 못하는 손님들에게는 식사 요금에다가 무조건 15% 팁을 가산해서 받는다고 한다. 미국인들은 당연히 팁을 주고 가지만 영어를 못하는 일본이나 한국 관광객들은 팁이 없는 문화권에서 살다 온 사람들이어서 팁을 주지 않기 때문이라고 한다.

사회자가 묻기를 팁을 일방적으로 첨부하는 행위는 인권침해의 소지가 있는 게 아닌가? 대답은 간단했다. 하와이주 세법은 식당 매상고의 8%를 팁으로 간주하고 세금을 자동으로 부과한다. 그러므로 손님에게서 팁을 못 받으면 식당 주인은 받지도 못한 팁에 대해 세금을 대신 내줘야 하기 때문이다.

일전에 어느 교포 신문에서 팁에 관한 글을 읽은 적이 있다. 팁은 내 돈을 줘야 하므로 대단히 민감한 문제이다. 글에 대한 댓글이 많이 달렸는데 사람들은 각기 다른 생각을 하고 있었다.

"미국 생활의 팁은 문화의 일부분이고 손님과 서비스하는 사람들이 소통하는 방법입니다. 점심은 15%, 저녁은 20% 이상 주면 됩니다. 단골이 생기는 이유는 팁을 잘 주고 서비스를 잘 받으니까 생기는 것이고, 이때 팁으로 소통하는 거지요. 모르는 식당에 가면 점심 15%, 저녁 20% 주면 무난합니다."

"부자들 천지군……."

"부자가 아니라 기본 상식입니다."

"Tip 20% 주면 웨이트리스는 주인보다 더 버네요. 순이익이니까."

"팁은 손님한테 얼마나 친절히 잘했느냐에 따라 팁을 주면 될 듯. 그냥 그러면 10%, 괜찮으면 15%, 맘에 들면 20% or more. 웨이트리스도 월급 받고 일하는 거다. 손님한테 잘해줬을 때 거기에 대한 보상으로 주는 게 팁 아닐까."

"난 받은 만큼 주지요. $20 주면 될 걸 $100 준 적도 있고 안 준 적도 있고."

"실제로 간단한 식사 한 번 하려 해도 팁 제도가 부담스러워서 팁 낼 필요 없는 맥도날드 같은 체인점을 찾는 사람들이 많고 식당 중에도 팁 받지 않는다는 안내서를 붙여놓고 실제로 받지 않는 식당도 이미 존재한다. 식당 간에 경쟁이 붙으면 사용자들은 팁을 낼 필요가 없어 덜 부담스러운 식당으로 가게 될 것이고 그렇게 가다 보면 팁 문화는 사라지고 오직 고급 식당에서나 적용될 것이다."

"저도 동감입니다. 정말 울며 겨자 먹기로 내고 왔는데 너무 아깝더라구요. 글렌데일에 있는 뷔페식당을 갔는데 너무 불친절하고 예의도 없고 지들끼리 모여서 히히덕거리고."

"주는 사람의 성의 아닐까요. 꼭 얼마를 내야 한다는 건 거부감이 확 밀려옵니다. 당연히 그들이 해야 할 일을 하면서 충실했다면 예의상? 허나 주문받고 서빙하고 치우고는 팁을 요구하는 건?"

"집에서 드세요."

팁 문화에 익숙하지 못한 한국인은 긍정적인 면보다 부정적인 면이 더 많은 것 같다. 하지만 그 나라에 가면 그 나라 법을 따르라고 했듯이 팁 문화가 발달한 미국은 그에 준하는 팁 산업도 크게 발달하였다.

얼마 전 뉴욕 맨해튼의 한 호텔에서 자살한 한인 입양아 작곡가 겸 가수 엘렌 제인 정 오메아라(30)가 생각난다. 뉴욕 포스트지에 따르면 남녀 두 사람이 사망한 침대 아래에서는 질식사 부분에 북마크가 된 '자살과 자살 방법'이라는 책이 발견됐다.

두 사람은 각각 유서를 간단하게 남겼으나, 명확한 자살 원인은 파악되지 않고 있다. 자신들의 시신을 발견할 목격자를 배려해 20달러짜리 10장을 팁으로 남긴 것으로 전해졌다.

엘렌 제인 정 오메아라는 1988년 2월 한국에서 출생, 생후 5개월 만에 위스콘신 소도시 오 클레어의 오메아라 집안에 입양됐다. 브

루클린 칼리지 음악대학원에 진학하면서 뉴욕시로 이주한 정 씨는 음악 출판사 '칼 피셔'에서 근무했으며 '엘렌 오(Ellen O)'라는 이름으로 자작곡 '참새와 비둘기(Sparrows and Doves, 2014)'와 '당신/소나타(You/Sonata, 2017)' 등 두 개의 앨범을 발매해 호평받았다. 죽어가면서까지 자신을 위해 봉사하는 누군가를 배려하는 것이 진정한 팁의 정신이 아닐까?

49 '팁' 얼마가 적당할까?

'팁의 나라'라고 불릴 정도로 미국은 팁 문화가 발달한 나라다. 그렇다면 평소 레스토랑에서 식사 후, 혹은 네일아트를 받았을 때 팁은 어느 정도 주는 것이 적당할까? 사실상 팁은 '추천' 사항일 뿐 '의무'가 아니기 때문에 고객들은 음식의 맛이나 자신들이 받은 서비스의 질에 따라서 얼마를 줄지 스스로 결정할 수 있는 선택권이 있다.

최근 CNBC 보도에 의하면 에티켓 전문가들은 대부분의 서비스에 대해 15~20%의 팁을 주는 것을 제안하고 있지만, 일부는 이보다 더 많은 팁을 주기도 하고, 일부는 전혀 주지 않는 등 고객마다 천차만별이다.

크레딧카드닷컴 조사에 따르면 식당을 방문한 고객이 평균적으로 지급하는 팁은 19%인 것으로 나타났다. 여성보다 남성 고객이 더 많이 지급하는 편이며, 평균적으로 남성 고객은 19%를, 여성 고객은 18%를 지급하는 것으로 조사됐다. 그러나 여성 고객은 헤어숍 방문 시 자신의 헤어 스타일리스트나 종업원 및 음식 배달 서비스에 대해 남성보다 더 많은 팁을 지급하는 것으로 나타났다.

세대별로 나눴을 경우, 베이비붐 세대는 평균적으로 17%의 팁을 지급하며, 밀레니얼 세대는 22%를 지급한다. 조사 결과를 보면 베이비붐 세대들이 밀레니얼 세대들보다 팁을 적게 주는 것으로 조사됐다.

크레딧카드닷컴 관계자는 "많은 소비자가 앱이나 인터넷을 통해 음식 배달 서비스를 주문할 경우, 팁을 언제 지불해야 할지 또는 얼마를 줘야 할지 어려움을 겪고 있다고 답했다"라고 전했다.

또한, 최종 결제 시 팁 지급 옵션에서, 밀레니얼 세대는 6명 중 1명 꼴로 "평균적으로 가장 낮은 옵션을 선택한다"라고 응답했으며, 5명 중 1명은 "팁을 주지 않는다"라고 응답한 것으로 드러났다. 전문가들은 또 음식값과 세금 등 외식 비용이 오르면서 팁 지불에 부담을 느끼는 소비자가 증가하고 있다고 전했다.

50 미국인들이 즐기는 노출과 선글라스 문화

　미국에서 관광지를 간다거나 거리를 행보하다 보면 몸에 꽉 끼는 옷을 입은 여자들을 볼 수 있다. 몸에 끼는 정도가 아니라 너무 착 달라붙어서 신체가 드러나 보인다. 날씬한 여자가 몸에 착 달라붙은 옷을 입었다면 몸매를 자랑하고 싶어서 그러는구나 하고 봐줄 수도 있다. 하지만 뚱뚱하기가 디륵디륵한 여자가 몸에 달라붙은 옷을 입고 활보하면 살이 옷을 찢고 삐져나올 것처럼 터지기 직전이다. 그래도 팽팽한 옷을 입겠다는 것은 자신의 몸매 노출을 즐기기 때문이다.
　어떤 여자는 젖가슴이 거의 나올 정도로 파인 옷을 입고 다닌다. 약간 눈을 돌리면 다 들여다보인다. 여자들만 그러는 게 아니라 남자들도 마찬가지다. 햇볕 따스한 날 공원에 나가면 잔디밭에 얇은 매트를 깔고 누워 있는 사람들을 볼 수 있다. 일종의 일광욕을 즐기는 거다. 남자들은 웃통을 벗고 누워 있는 게 보통이다. 여자들도 짧은 바지에 웃통도 거의 벗다시피 하고 누워 있다. 비키니를 입은 여자들도 많다. 노출에 관한 한 후한 편이다.

한국에서 선글라스를 끼면 건방져 보인다. 색안경을 꼈다고 흉을 보기도 한다. 더군다나 어른 앞에서는 선글라스를 벗어야 한다. 점잖거나 교양 있어 보이지 않는다. 선글라스는 주로 패션의 개념에서 낀다.

하지만 미국은 선글라스가 패션의 개념도 있지만 주로 눈 건강을 위해서 착용한다. 캘리포니아를 예로 들면 사계절 태양이 작열한다. 겨울철만 빼고 사막처럼 비 한 방울 없이 날씨가 건조하고 햇볕이 따갑다. 눈을 보호하기 위해서 자외선 차단으로 선글라스를 낀다.

선글라스 끼는 걸 당연시 하다 보니 실내에서 끼는 사람도 많다. 선글라스 착용이 일상화되어 있어서 끼거나 말거나 관심 밖이다. 저 좋으면 끼는 거다.

이건 내 경험인데 내 아들이 UC 버클리에 갓 입학하고 기숙사에 들어갔다. 각 방에 두 학생이 같이 기거하게 되어 있는데 아들은 벙커 베드 위층에서 자기로 했다. 나는 아들의 짐을 날라다 주느라고 동행했다. 긴 복도에 여러 개의 방이 있는데 아들 방 바로 옆방엔 여학생이 기거했다.

선임자의 말에 의하면 아침에는 누구보다 먼저 화장실에 다녀와야지 여자 학생들이 화장실에 들어가면 나오지 않는다고 주의를 주었다. 나는 화장실보다는 기숙사에 남녀가 같이 기숙하는 문화에 놀랐다.

51 미국의 예약 문화와 미국식 생각

미국에서 무슨 일이든지 하려고 하면 예약부터 해야 한다. 병원이나 관공서, 학교 등은 예약하고 간다지만 그 외에도 예약해야 들어가는 곳이 많으므로 미리 알아보는 게 좋다.

예약은 인터넷이나 전화로 하는데 요즈음은 인터넷이 대세다. 레스토랑, DMV, 미장원, 변호사나 회계사 사무실 등 예약이 필수다. 심지어 이발소도 예약해야 받아주는 곳이 많다.

미국인들은 세일(할인)을 좋아한다. 광고에 보면 '50% 세일', '하나 사면 하나 공짜' 등 별별 광고가 다 있다. 미국인들은 세일이 나올 때까지 기다린다. 어떤 때는 한 달도 더 기다렸다가 세일이 나면 드디어 구매한다.

또한 미국인들은 쿠폰을 사랑한다. 신문이나 잡지, 광고지에 나오는 쿠폰을 오려뒀다가 그 물건이 필요할 때 써먹는다. 나의 아내만 해도 각종 쿠폰을 모아둔다. 심지어 햄버거 광고도 오려두었다가 햄버거 사먹을 때는 써먹는다. 자동차 기름 가격이 몇 십 센트 싸다고 먼 거리를 마다하고 찾아다닌다. 이것이 한국에서 온 사람들이 보기에 치사하게 보인다. 50년 전에 내가 미국에 처음 왔을 때도 미국인들이 몇 십 전 몇 달러를 가지고 치사하게 군다고 생각했다.

하지만 미국인들은 실용주의자들임과 동시에 세일(할인)할 때 사면 돈을 버는 거로 생각한다. 그러니까 일해서 벌고 쓰면서 벌고 세일은 이중으로 돈 버는 거다.

분명한 것은 미국인들에게 치사하다는 개념은 없다. 치사하다는 개념은 쥐뿔도 없는 한국인들이 하는 생각이다. 요즈음은 빈손으로 북한에서 도망 나온 탈북인들이 남한에 와서 치사한 꼴 못 보겠다는 말을 많이 쓴다.

미국에서 중산층을 이루는 백인들은 유럽 문화유산을 타고났는가 하면 은연중에 따라간다. 튀면 안 된다는 사고를 가지고 있다. 옷도 비슷하게 입고 비슷한 차를 타며 가구조차 비슷하다. 한국인이 선호하는 명품을 미국인 중산층은 거부한다. 명품 옷이라든가 명품 가방을 들지 않는다. 이것은 그들이 능력이 부족해서가 아니라 남들에게 튀어 보이기를 싫어하는 문화에서 비롯된 것이다.

내가 남보다 특별한 사람처럼 보이려고 차려입고 나선다는 것은 이미 나를 남과 비교한 것이다. 비교는 불행의 씨앗이다. 내가 남보다 특별하지 않다고 생각하면 현재 있는 위치에 만족하면서 살아가게 된다. 행복의 씨앗이다.

52 미국은 천천히 변화하는 문화

 샤봇 호수로 들어가는 옆문이 있다. 실은 이 길은 산불 발생 때 소방차가 들어가기 위해 만들어 놓은 비상 소방도로다. 처음에는 자동차가 들어가는 넓은 철망 비상 게이트뿐이었다. 말 그대로 비상 게이트이니까 자물쇠로 잠가 놓았다.

 문제는 사람들이 멀리 공원 정문까지 걸어가기 싫어서 비상 게이트가 조금 열려 있는 틈새로 드나들었다. 나부터도 멀리 정문까지 갈 필요 없이 그냥 게이트 틈새로 들어갔다. 50여 년간 사람들이 비집고 통행하기를 계속하자 공원 측에서 게이트 옆에다가 아예 사람이 드나드는 출입문을 만들어주었다.

 문제는 철망 게이트 주변 동네 주민들이 항의해왔다. 출입문이 생기면서 낯선 차들과 사람들이 드나들어서 시끄럽단다. 외지인들의 주차를 감당할 수 없다면서 예전처럼 게이트를 봉쇄해 달라고 진정을 넣었다.

 공원 측은 주민들의 고충을 고려해서 사람이 드나드는 작은 출입문을 잠가버렸다. 아예 봉쇄해버린 것이다. 있으나 마나 한 출입문이 되고 말았다. 출입문을 봉쇄해버린 지 20년이 흘렀다.

어느 날 게이트 틈새로 나오다가 사람 드나드는 출입문이 열려 있는 것을 보고 그만 놀랐다. 이제 동네 주민들의 반대 열의도 식은 모양이다. 공원 측에서는 다시 작은 출입문을 슬며시 열어놓고 주민들의 반응을 살폈다. 주민들도 더는 항의하지 않았다. 크게 문제되지 않는다는 식으로 그냥 지켜보고만 있다. 드디어 사람 드나드는 작은 출입문을 만든 지 20년 만에 출입문이 제 역할을 수행하게 되었다.

주민들의 갈등과 시민들의 편의를 해결해주는 데 20여 년이라는 긴 세월이 소요됐다. 충돌 없이 문제를 해결하기 위해서는 시간이 필요하다. 하다못해 작은 출입문 문제 하나 해결하는 데도 20년이 걸렸다.

우리도 다 안다. 시간이 약이라는 것을. 하지만 우리 민족은 길게 참지 못한다. 이것이 장점일 수도 있고 단점일 수도 있다. 내가 사는 동네는 카스트로 밸리시가 아니다. 독립 지역이다. 독립 지역은 주민 수가 부족해서 시로 승격할 수는 없고 그렇다고 주민들이 이웃 시에 편입되는 것을 원치 않는 관계로 이웃 시로부터 치안과 소방을 지원받는 거로 유지하는 자체 지역인 것이다.

카스트로 밸리는 옛날부터 사람이 살던 지역이어서 100년 전 도로 그대로이다. 도로에 인도교가 없다. 앞으로 인도교를 건설해야 하는데 백 년을 내다보고 실행 중이다.

옛날부터 살던 집은 그대로 놔두고 새로 짓는 집 앞 도로에 인도교를 만들어야 한다는 시 조례를 만들었다. 앞으로 새로 짓는 집들은 집 앞 도로에 인도교를 만들어야 건축허가를 내준다.

기존 헌 집들이 새 집으로 다 바뀌자면 백 년이 넘게 걸릴 것이다. 100년이 지나면 도로에 인도교가 생겨난다. 주민들과 마찰 없이 문제를 해결하는 방법은 오로지 시간밖에 없다. 세월이 지나면 모든 문제는 평화롭게 해결된다.

미국인들의 천천히 해결하는 방식은 모두 영국 방식을 그대로 도입한 것이다. 엊그제는 50년 전에 살던 집을 찾아가 보았다. 아무것도 변한 게 없이 옛날 그대로 남아 있다. 미국은 아주 천천히 변화해 가는 나라가 맞다.

53. 미국에서 낚시는 면허가 있어야 한다
California Department of Fish and Wildlife(CDFW)

미국에서는 낚시를 하나의 스포츠로 간주한다. 낚시하려면 낚시 면허를 취득해야 하는데 낚시 면허는 시험 보는 게 아니라 돈 주고 사는 거다. 시에서 지정한 특수 지역, 낚시터 같은 데는 낚시 면허 없이 낚시해도 되는 장소도 있다.

캘리포니아의 경우 스포츠 낚시 면허는 기본 면허가 캘리포니아 거주자는 58.58달러이고 비거주자는 158.25달러. 낚시 면허 유효 기간은 1년이며 내륙 또는 바다에서 물고기, 연체동물, 갑각류, 무척추동물, 양서류 또는 파충류를 잡을 수 있다. 특정 종과 지역에 대해서는 추가 면허가 필요하다.

아메리칸 인디언들은 낚시 면허가 필요 없다. 인디언들에게 낚시는 일종의 생업이었으니까. 현역이나 전역 군인, 장애인, 저소득 노인, 저소득층 등은 9.01달러 할인해준다.

하루짜리 낚시 면허는 캘리포니아 거주 비거주 상관없이 19.18달러이고 2일짜리, 10일짜리 낚시 면허도 있다. 낚시 면허도 복잡해서 지역에 따라서 낚시 면허에 별도의 스티커를 붙여야 하는 곳이 있는가 하면 잡고자 하는 물고기 종류에 따라서 별도의 스티커를 붙여야 하기도 한다.

별도의 스티커 역시 돈 내고 사는 거다. 예를 들면 바다 게를 잡으려면 낚시 면허에 2.75달러짜리 스티커를 붙여야 한다. 평생 낚시 면허도 있어서 낚시에 관심이 많은 사람은 낚시 면허를 내기 전에 알아보아야 한다.

북미 태평양 연안에는 던지니스 크랩(Dungeness Crab, 익히면 껍질이 빨간 은행 게)이 서식한다. 캘리포니아는 게를 잡을 수 있는 시즌이 11월부터 다음해 7월 말까지다. 게는 주로 아침이나 해 질 무렵에 잘 잡힌다. 낚시꾼은 해안선이나 선박에서 게를 잡을 수 있지만 다이버는 손으로 잡을 수 있다.

16세가 넘으면 캘리포니아 낚시 면허가 있어야 한다. 하지만 대중 낚시터 혹은 시민에게 낚시를 즐기라고 바다 멀리까지 교각을 세워 놓은 곳에서는 낚시 면허 없이도 낚시할 수 있다.

던지니스 크랩은 반드시 크기가 5.3/4"(15cm) 이상이어야 하며 하루에 10마리로 제한한다. 경찰이 수시로 순찰 다니면서 잡은 게의 크기를 재보기 때문에 각별히 유의해야 한다. 규정 위반 시 벌금이 만만치 않다.

54 미국에는 대중목욕탕이 없고 미국인들은 '때'를 밀지 않는다

예로부터 미국인들은 집에서 목욕하거나 샤워하기 때문에 대중목욕탕이 없다. 한국의 대중목욕탕은 일본 점령기에 들어온 문화이다. 한국인은 유난히 '때'가 많은 것 같다. 일주일에 한 번은 '때'를 밀어야 하니까. 오죽하면 우리에게는 '때' 미는 타올이 생겼겠는가.

의학적으로 우리가 '때'라고 생각하는 것은 피부 각질을 의미한다. 피부 각질을 벗겨내는 것은 건강상 바람직한 일은 아니다. 미국인들은 '때'라는 개념이 없다. '때'를 모르니까 밀어내지도 않는다. 대신 미국인들은 매일 샤워한다. 어떤 때는 아침저녁 하루에 두 번 샤워하는 날도 있다. 샤워하면서 정사각형 목욕 타올에 비누를 묻혀 몸을 닦는다.

육식을 많이 하는 까닭에 몸에 기름기가 있어서 매일 비누 타올로 몸을 닦아낸다. 비누 샤워하고 바디로션을 바르면 '때' 민 것처럼 피부가 보드랍다.

55 미국인은 국가에 대한 자부심이 강하다

　미국에서 주택가를 지나다가 보면 시도 때도 없이 성조기를 매단 집을 보게 된다. 어떤 집은 일 년 내내 성조기를 내걸고 산다. 그만큼 성조기는 흔하게 눈에 띈다.

　미국에는 각종 스포츠 경기가 많은데, 예를 들어서 야구 경기는 한 팀이 1년에 160경기를 뛴다. 매번 경기 때마다 시작 전에 국가를 부른다. 여기사 재미있는 것은 누구나 국가를 부를 수 있다는 사실이다. 내가 아는 한국인은 오클랜드 컬러시움 경기장에 자기가 국가를 부르고 싶다고 신청했다. 드디어 날짜와 시간을 알려주어서 그날 국가를 부를 수 있었다.

　비행기에 탑승하려고 줄을 서 기다릴 때도 군인은 먼저 탑승하라는 아나운스먼트를 들을 때가 있다. 국가를 위해서 봉사하는 군인을 배려하는 문화이다. 한 번은 크루즈를 타고 태평양을 항해할 때였다. 저녁을 먹고 극장에 쇼를 보러 갔다. 극장은 만원이었다. 쇼하다 말고 사회자가 말했다.

　"미국군에서 전역한 사람들은 일어서 주십시오."

여러 사람이 일어섰다.

"여러분, 국가를 위해서 젊음을 희생하신 이분들에게 박수로 감사 표시를 해주십시오."

모두 그들을 향해 힘껏 박수로 보답했다. 간단한 배려 같지만, 박수받는 전역자들은 얼마나 뿌듯하겠는가? 미국인들은 나라 사랑이 유별나다는 사실을 알 수 있다.

미국 군인들은 세계 여러 나라에서 근무한다. 예를 들어서 한국 오산기지에 발령받으면 달랑 발령 명령 한 장만 손에 쥐어준다. 오더를 가지고 경리과에 가서 보고하면 경비가 자동으로 병사 통장에 들어온다. 병사는 알아서 정해진 날짜에 취임지에 들어가야 한다. 모든 게 본인이 알아서 해야 한다. 한국 군인은 한국 내에서 혼자 찾아다니지만, 미국 군인은 세계를 대상으로 혼자 찾아다닌다.

56 장애인에 대한 배려

미국은 장애인에 대한 배려가 유별나다. 이것은 누구라도 장애인이 될 수 있다는 개념에서 이뤄지는 배려다. 미국에서 버스를 타면 한국과는 달리 휠체어를 탄 장애인도 많이 볼 수 있다. 버스 내 장애인이 타는 공간도 따로 마련되어 있어서 버스 기사는 휠체어를 탄 장애인이 전용 공간에 잘 탑승할 수 있도록 직접 도와준다.

승객은 장애인이 먼저 버스에서 하차한 뒤 승차할 수 있다. 미국에서는 장애인 차별금지법에 의해 고속버스에 휠체어 사용자 등이 탑승할 수 있는 설비를 의무적으로 설치하도록 했고, 모든 장애인이 공공시설과 교통 및 통신 수단에 어려움 없이 접근할 수 있도록 규정한다. 하지만 한국은 고속버스나 시외버스에 휠체어 승강 설비 및 휠체어 사용자를 위한 전용 공간이 설치된 버스는 없다.

또한 미국에서는 '장애인용 화장실'이 따로 없다. 법적으로 화장실 전체를 장애인의 편의를 기준으로 설계되었다. 장애인이 휠체어에 앉아 있어 손이 닿지 않는 수도꼭지 손잡이는 앞으로 길게 만들어 쉽게 사용할 수 있도록 설치하였으며, 화장실 출입문은 휠체어에 탄 사람의 손이 닿을 수 있는 높이에 있어야 하고 둥근 손잡이는 사용이 금지되었다. 손이 없는 장애인도 사용할 수 있는 손잡이라야 한다. 어찌 보면 미국은 장애인의 천국이라고 말해도 과언이 아니다.

한국에서는 복도를 걷다 보면 아파트 문이 복도 쪽으로 열린다. 안에서 밖으로 미는 식이다. 까딱 잘못하면 보행자를 해칠 수 있다. 미국은 문이 안쪽으로 열린다. 밖에서 안으로 미는 식이다. 외부인 특히 장애인을 배려하는 문화다.

57 미국인들에게는 나이 차별이 없다

　미국은 한국에서처럼 나이 제한이 극심하지 않다. 한국 문화의 뿌리가 유교에 기반을 두고 있어서 나이 많은 어른은 공경해야 하는 수직 문화이다. 미국 문화는 기독교에 기반을 두고 있어서 나이에 상관없이 평등해야 하는 수평 문화이다.
　한국에서는 취직하려고 해도 연령 제한이 있고 인터뷰할 때는 대놓고 나이를 묻는다. 미국은 법으로 이력서에 나이 기재하는 난이 없다. 나이를 묻는 것은 불법이다. 오로지 능력만 따진다. 한국인들이 미국에 유학 와서 공부를 끝내려면 나이가 들기 마련이다. 미국에 이민 오는 사람들도 나이 지긋한 사람들이 많다. 미국에는 나이 차별이 없다는 것은 한국인에게 다행이라면 다행이다.

58 남녀평등

　미국 군대는 지원제이고 남녀 구분 없이 지원하고 입대한다. 같이 복무한다. 여성이라고 해서 특혜를 바라지 않는다. 이 점에서는 이스라엘이 미국보다 앞서 있다.
　시내버스 기사 중에 여성이 많은 것은 당연하고 높은 전봇대에 올라가서 일하는 여성도 있다. 위험한 일도 마다하지 않는 미국 여성들은 남녀평등을 외칠 만한 자격이 있다. 아이 육아 양육도 부부가 함께 하고 가정의 대소사를 같이 해나간다.
　우리가 보기에 남녀평등이 이뤄진 것 같아도 미국 여성들은 아직도 유리천장을 깨트려야 한다고 생각한다. 미국에 적응하려면 한국식 고정관념을 버려야 하는 게 우선이다.

59　미국은 주부 중심의 나라다

　미국 사람들은 언제나 가정이 최우선이다. 퇴근하면 모두 집으로 달려간다. 이것은 미국 문화 중의 하나이다. 한국에서는 퇴근하면 동료들과 저녁을 먹을 수도 있고 술 한 잔 나눌 수도 있다. 직장에서 회식이 있기 때문에 곧바로 집에 갈 수 없기도 하다. 이런저런 이유로 집에 일찍 귀가하는 날이 많지 않다.

　하지만 미국은 그렇지 않다. 한국처럼 동료가 식사나 술 마시자는 사람도 없고 직장에서 회식도 없다. 퇴근도 한국으로 치면 칼퇴근이고 곧바로 집에 간다. 퇴근 후의 일들은 모두 가정에서 이루어진다. 저녁 먹으러 나가는 일도 와이프를 동반한 저녁이고 술을 마신다고 해도 와이프가 우선이다.

　미국에서 직장에 다니다 보면 사람들을 만나기도 하고 초대받기도 하고 초대하기도 한다. 초대받거나 초대하려면 먼저 와이프한테 물어보는 게 기본이다. 모든 일상이 가정 중심으로 돌아가기 때문에 와이프의 동의 없이는 아무것도 이루지 못한다.

　가정 경제권은 물론이려니와 대소사 결정권, 물건 구입권, 외출권,

심지어 영화 관람권도 와이프의 결정을 따라야 한다. 이를 어기려 들면 부부간에 충돌이 생긴다. 그러면 남편은 허수아비냐? 꼭 그렇지만은 않다. 와이프는 늘 현명하니까 지혜롭게 대처한다.

60 건강상식 외면한 한국인의 밥상

"한 입만!"

할머니는 손녀를 놀리느라고 손녀가 들고 있는 아이스크림을 한 입만 먹자고 말한다. 한국의 음식 공유 문화에 외국인들은 고개를 갸우뚱거린다.

멘데스 씨(38)는 2018년 한국 여자와 결혼한 뒤 한국 음식 마니아가 됐다. 주요리와 샐러드 위주로 단출하게 구성된 식단과 달리 푸짐한 반찬이 나오는 한식에 빠졌다. 그러나 여럿이 '공용 반찬'을 함께 먹을 땐 망설여진다. 미국에선 모든 공용 음식에 '서빙 스푼'을 따로 두기 때문이다.

한국에서 가장 놀라운 것 중의 하나는 방금 전까지 자신의 입에 넣었던 젓가락으로 깍두기를 집었다가 놨다가 하는 것이다. 그보다 더한 것은 엄마가 쓰던 젓가락으로 자녀에게 반찬을 떠주는 모습도 낯설었다. 멘데스 씨는 "미국에선 개인이 쓴 칼이나 포크로 함께 먹는 음식을 집지 않는 게 기본적인 식사 예절이다. 다른 사람에게 음식을 집어주지도 않는다"라고 말했다.

미국인들은 메인 요리부터 반찬까지 다양한 음식을 공유하는 한국의 식사 문화를 나름대로 즐긴다. 다만 음식을 나누는 방식에선 위생에 신경을 쓸 필요가 있다고 말한다. '각자 따로 먹는' 방식으로 바뀔 필요가 있다고 말한다.

같은 동양권이라도 개별 식사에 익숙한 일본인들은 음식을 공유하는 한국 식사 문화에 거리감을 느낀다고 했다. 일본에선 찌개를 조리할 때도 채소, 고기 등 개별 식재료마다 집는 젓가락도 따로 쓴다. 집에서 가족이 함께 식사할 때도 공용 국자와 젓가락으로 따로 덜어서 먹는 게 일반적이다.

61 미국 군인

"나는 미국의 자유를 수호하는 군인정신을 결코 잊은 적이 없다. 나는 하나님을 믿으며 또한 미국을 믿는다."

작은 동네 카스트로 밸리의 전몰장병 추모비에 새겨진 글이다.

우리 동네에는 '전몰장병 추모비'가 있다. 이곳 추모비는 '카스트로 밸리'라는 도시도 아닌 작은 마을 출신으로 나라를 위해 목숨을 바친 군인들을 위한 추모비다.

국가에서 경비를 지원해준 것이 아니고 이곳 주민들의 성금으로 조성되었다. 기금에 참여한 사람들의 이름이 바닥 벽돌 한 장 한 장에 새겨 있다. 비석의 명단에는 1950년 한국전에서 전사한 병사가 자그마치 9명이나 된다.

이웃 도시 샌리안드로 재향군인회 건물 옆 공원에도 작은 비석이 서 있는데 한국전에서 전사한 군인 이름이 5명 적혀 있는가 하면 버클리 재향군인회 건물 입구 왼편에도 큼직한 비석이 있는데 한국전에서 전사한 군인 3명의 이름이 쓰여 있다.

나는 미국인들이 군인 전사자들을 추모하는 모습을 도처에서 보아왔다. 이것은 미국인들 마음속 깊은 곳에 뿌리박고 있는 애국심의 발로이지 그냥 하루아침에 튀어나온 아이디어가 아니다.

한국전쟁이 끝난 지 70년이나 지난 지금도 전선에서 행방불명된 시신을 찾아서 적지의 옛 전투 지역을 샅샅이 뒤지는 걸 보면서 미국 군인은 세계 어디서 죽더라도 반드시 고국으로 돌아온다는 믿음을 갖지 않을 수 없다.

미국은 전통적으로 군인 대우를 극진히 하는 나라다. 어느 나라나 군인이 나라를 지키는 건 맞지만 미국처럼 군인을 우대하는 나라는 없다. 한국은 예로부터 문관을 우대하고 무관을 천대하던 문화가 잔재해 있어서 군인을 무시하는 풍조가 있다. 하지만 미국은 건국 이래 강건한 군이 곧 국가라는 믿음을 가지고 있다. 군에서 폭행이나 차별 대우 또는 소위 말하는 기합이나 체벌은 없다. 대신 규칙을 위반했을 시에는 봉급에서 벌금을 내야 한다.

모든 스케줄과 규율은 명령 대신에 문서로 작성해서 보드에 붙여 놓는다. 각자 읽어보고 자기 업무를 수행할 따름이다.

미국 군인은 직업군이기 때문에 직업의식이 투철하다. 정시에 출퇴근하고 일반 직장에서의 근무처럼 자기 업무만 처리한다. 전투 지역에 투입될 때는 전투 수당이 나온다.

군인들도 가정생활을 보장하기 때문에 군기지 내에 있는 관사에서 살 수도 있고 외부에서 살 수도 있다. 외부에서 살면 영외거주 수

당으로 렌트 비용을 충당한다.

미국 군인은 보이지 않는 혜택이 많다. 군인은 이동 시 비행기 할인이 있다. 군인 복장을 하면 비행기 탑승 시 우선순위로 탑승하고 현역에서 대학 공부를 할 수도 있고 전역 후에 학교에 가면 학자금을 대준다.

집을 구매할 때도 담보 없이 저리의 대출을 받을 수 있다. 전역 후에는 퇴역연금을 받기 때문에 생활 보장이 된다. 하다못해 운동 경기 전이나 페스티발에 가면 전역 군인은 일어서라고 하고 그들에게 경의를 표하는 경우가 종종 있다.

주택가를 운전하다 보면 붉은 해병대 깃발을 내건 집을 보게 된다. 자신이 해병대 출신이라는 것을 자랑스럽게 생각한다. 어떤 집은 포로(POW : Prisoner of War) 출신이라는 깃발을 걸어놓은 집도 있다.

노인이 되어 거동이 불편하게 되면 도우미를 보내준다거나 양로원에 가는 것도 전역 군인에게 특혜가 있다. 미국에서 전역 군인은 존경의 대상이다.

62 미국 시민권자인데 한국 군대에 가야 하나?

　국적에 관해서 한국은 속인주의이고 미국이나 캐나다는 속지주의이다. 속인주의(屬人主義, Nationality Principle)는 부모의 국적을 기준으로 태어난 자녀에게 국적을 부여하는 법 제도를 말한다.

　속지주의(屬地主義, Territorial principle)는 선천적인 국민을 정의하는 데 있어 그 사람이 태어난 땅의 관할권을 기준으로 하여 판단하는 방식이다.

　아이가 미국에서 태어나면 자동으로 미국 시민이다. 미국 시민인 자녀를 둔 사람은 아이가 18세가 되기까지 아이를 양육해야 하는 의무가 있다. 양육 의무 때문에 아이의 부모가 불법체류일지라도 미국에서 추방당하지 않는다.

　미국이지만 한국 부모에게서 태어난 아이는 한국의 혈통주의, 즉 속인주의에 의해서 한국 국적도 갖는다. 미국 국적과 한국 국적을 동시에 소유한 2중 국적이 된다. 여기서 주의할 점은 미국에서 태어난 아이는 미국 시민인데 부모가 한국 호적에 올리면(한국 영사관에 아이 출생을 신고하면) 법적으로도 한국인이어서 2중 국적이 되는 것이고 부모가 한국 호적에 올리지 않으면(영사관에 신고하지 않으면) 한국에 법적 근거가 없는 한국인이다.

아이가 성장해서 18세가 되면 아이는 스스로 국적 선택을 할 권리를 준다. 이때 한국 국적을 포기하면 미국 시민으로 살아가는 것이고 미국 시민을 포기하면 한국 국적으로 살아간다. 양쪽 다 포기하지 않으면 2중 국적 그대로 유지된다.

미국은 군대가 지원제여서 안 가도 되지만 한국은 병역의무가 있어서 남자는 누구라도 군 복무를 마쳐야 한다. 병역의무 기간은 37세까지여서 2중 국적 한국 남성이 한국에 들어가면 병역의무 수행 여부를 검토해서 의무를 마치지 못한 사람은 병역의무를 마칠 때까지 출국이 금지된다. 한국에서 군 복무를 마친 남성은 2중 국적을 보유하게 된다. 여자는 예외이다.

2중 국적인 남자(20~37세)가 한국에 들어가지 않고 미국에서 살면 한국 병무청에서 영장이 송부되지 못하는 관계로 한국 군대에 가지 않아도 된다. 이것은 군 면제가 아니라 자동 연기인 것이다. 하지만 군 복무 연령 사이에 한국에 들어가면 출국이 금지되고 병역의무를 마쳐야 한다. 한국에는 가야 하고 군대에는 가지 않으려면 관할 영사관에서 한국 국적 포기 신고를 하면 된다.

사례 1.

내 조카는 14살 때 부모 따라서 미국에 이민 왔다. 18세에 부모 따라서 미국 시민권을 취득했다. 동시에 한국 국적을 포기했기 때문에 한국 군대와는 무관하게 되었다. 학업을 마치고 한국 수원에 있는 삼성전자에서 근무했다.

사례 2.

내 조카는 미국에서 태어났으나 할머니가 손자를 한국 호적에 올렸다. 조카아이는 그런 사실도 몰랐다. 학업을 마치고 미국 FBI에 원서를 제출했는데 자격이 안 된다는 통보를 받았다. 자초지종을 알아봤더니 2중 국적이라는 사실이 드러났다. 조카가 한국에 들어가면 군 복무를 마칠 때까지 출국금지가 되는 케이스이다.

사례 3.

9세 때 부모를 따라 미국에 이민 온 이동현 씨는 미국 시민권을 취득한 뒤 18세 이후 한국 국적상실 신고를 하지 않았다. 이번에 아버지 장례식에 참석차 미국 여권을 가지고 한국에 입국했다가 출국금지로 경찰에 체포됐다. 자국민 병역의무 대상자로서 병역 기피자로 분류되었기 때문이다.

아이러니한 것은 이동현 씨는 2004년부터 2012년까지 8년간 미 육군으로 복무했다. 미군 복무 기간 동안 한국을 두 번이나 방문했어도 출국금지 같은 소리는 못 들어봤다. 이제 와서 미국군 복무는 무시하고 한국군 기피자로 몰아세워 출국을 금지한 것은 잘못된 법 집행이라는 유권해석을 받았다.

사례 4.

내 아들은 미국에서 태어났으나 처음부터 한국 호적에(신고 미필) 올리지 않았다. 아들은 미국 시민권 하나만 유지하고 있기 때문에 한국에 여러 번 드나들었으나 아무런 제지도 받지 않았다.

63 미국에서 50년을 살다가 찾아온 고국

밤 비행기가 인천공항에 착륙하기 위해서 차츰차츰 인천공항으로 내려오는데 창밖의 불빛이 화려한 게 장난이 아니다. 크리스마스트리를 보는 것처럼 반짝였다. 좀 더 가까이 내려오면서 빨간 십자가가 많아서 놀랐다. 교회가 두 집 건너 하나씩 있는 모양이다.

날이 밝은 다음날 한강 강변도로를 달리는데 아파트가 끝없이 늘어서 있는 모습이 장관이다. 이 많은 아파트에 사람이 거주하고 있는 게 아닌가? 고층 아파트가 너무 많아서 놀랐다.

강남 잠실 아파트 23층에서 사는 누님 집을 방문했는데 화장실에 비데가 있는 게 아닌가? 나는 지금까지 비데라는 게 미국 라스베이거스 고급 호텔에 있다는 이야기만 들었지 실제로 보기는 처음이다. 누님의 말로는 서울 웬만한 집에는 다 설치되어 있단다. 인터넷은 또 어떻고? 집에서는 말할 것도 없고, 가는 곳마다 인터넷이 빨라서 놀랐다.

아파트 지하 주차장에 들어가는 데도 차량번호 자동 인식기가 작동해서 등록된 차가 아니면 들어갈 수 없다. 주차장에는 고급 중형차가 즐비했다. 그것도 네임 브랜드 차종이 많다는 데 놀랐다.

지하철은 거미줄처럼 구석구석까지 연결되어 있고 자동 스크린 도어로 그냥 발을 내디디면 평지처럼 안전하게 걸어서 승하차한다. 지하철에서 내리면 버스로 갈아타는 교통카드도 편리하게 잘 만들어져 있다.

버스 기다리는 데도 멍하니 있을 필요 없다. 버스 도착 알림판이 있어서 전광판만 보면 내가 탈 버스가 언제 도착할 것인지 안다. 세계 최고 수준의 훌륭한 대중교통 시스템에 놀랐다. 그것도 모자라서 택시들이 늘 기다리고 있다. 누구나 이용할 수 있는 저렴한 가격이다.

생활은 얼마나 편리한가? 대형마켓이 밤늦게까지 열려 있고 24시간 여는 가게는 얼마나 많은가. 아무리 늦은 밤이라도 불편할 게 없다. TV 채널도 많아서 볼거리가 지천이다. 배달 문화는 얼마나 발달해 있는가? 전화 한 통이면 무엇이든 배달해준다. 음식은 물론이지만, 어떤 상품도 전화나 인터넷으로 주문하면 싱싱한 생선이 남해에서 서울까지 몇 시간 만에 도착한다. 농산물도 전화하면 곧바로 배달된다. 참 편리한 세상이다.

집 밖에 나서면 원두 커피점이 늘어서 있다. 일산 백석동 사거리에 스타벅스가 4곳이나 있다. 그 외에도 커피점이 한 집 건너 하나씩 있을 정도다. 아메리카노 한 컵에 1,500원에서 5,000원까지 다양한 가격이다. 한국 사람들은 온종일 커피만 마시나?

 손에 들고 다니는 휴대전화도 최신형 비싼 전화기만 들고 다닌다. 길을 가다가 고기 굽는 음식점을 들여다보면 손님들로 북적인다. 한국인들은 돈을 잘 버는 모양이다.

 미국에서는 뒤 허리춤에 열쇠 꾸러미를 달고 다니는데 한국 사람들은 열쇠 없는 생활에 익숙하다. 열쇠는 옛말이 됐고 지금은 비밀번호와 카드를 사용한다. 불과 얼마 전까지만 해도 미국에 와서 보는 것마다 신기하다고 하더니 지금은 거꾸로 되었다. 한국은 보는 것마다 신기하다. 심지어 해외여행 떠나는 여행객들이 인천공항에 북적대는 것도 참으로 신기해 보인다.

 밤에 시내 거리는 대낮같이 밝혀놓고 사람들이 몰려다니면서 밤 문화를 즐긴다. 그래도 치안이 안전해서 누가 총에 맞아 죽었다는 뉴스는 들리지 않는다. 참으로 한국은 세계에서 가장 안전한 나라다.

 한국은 의료 시스템이 잘 발달해 있어서 몸이 좀 이상하다 하면 곧바로 진찰받는다. 위내시경을 위시해서 CT 촬영, MRI까지 환자가 원하면 곧바로 실시하고 결과를 받아볼 수 있다. 미국에서는 아무리 환자가 원해도 의사가 들어주지 않는 진찰 방법이다.

 치과나 피부과 내지는 안과도 예약 없이 그냥 걸어 들어가면 치료받을 수 있다. 치료만 가능한 게 아니라 진찰료도 저렴하다. 모든 게 빨리빨리 진행돼서 편리하고 좋기는 한데 숨 쉴 여유도 없이 바쁘게 만든다.

미국은 오래된 집들이 많아서 집에 붙어 있는 장식이나 문짝들이 잘 열리거나 닫히지 않는다. 어떤 집은 100년이 넘은 집들도 허다하다. 하지만 한국은 집들이 거의 새 집이다. 지은 지 30년이면 헐어내고 다시 짓는다니 그게 타산이 맞으니까 그렇게 할 것이다.

지금은 그래도 타산이 맞지만 앞으로 인구가 감소하면 남아나는 집들을 어찌 다 처분하려는지 내가 다 걱정이다. 대학교가 우후죽순으로 늘어나더니 지금은 학생이 없어서 문 닫는 대학이 줄줄이 생겨나는 것과 같다.

새 집에서 잘 꾸려놓고 편리하게 안락한 생활을 누리는 한국인들이 행복해야 할 터인데 행복하다는 소리는 못 들었다. 오히려 못 살겠다, 죽겠다, 살기 힘들어하는 말만 들었다.

광화문에 나가 보면 시위대의 물결이 끊이지 않는다. 무엇이 그리 불만이 많은지 아예 광화문 광장에 천막을 치고 농성까지 벌인다. 세월호 천막은 자그마치 10년 가깝게 버텼다. 이런 걸 보면 한국은 행복한 나라가 아닌가 보다.

아이 교육비가 너무 비싸서 아이 안 낳겠단다. 인구가 줄어든다. 살기는 좋아졌고, 편해졌고, 즐길 거리도 많은데. 남들은 다 즐기는데 나만 못하잖아 하는 생각에 결혼도 안 하고 아이도 안 낳고 하는 거 아니야?

사실 미국은 한국보다 더 살기 힘든데 집 월부금에 아이 대학교 등록금이 한국보다 더 많은데, 물가도 비싸고 자동차 기름값도 비싸고 가는 곳마다 돈 들어가는 것뿐인데 그래도 한국처럼 못 살겠다, 죽겠다, 살기 힘들어하는 말은 하지 않는다.

살기 빠듯해도 아이 낳아 기르고, 나다니면서 외식하지 않고, 집과 직장만 다니면서 사는 생활에 만족한다. 행복해한다. 무엇이 이들을 다르게 만드나?

한국인들은 '남들은 모두 행복한데 나만 그렇지 않아'라고 생각하지만, 미국에서 사는 한국인들은 '남들이 행복한 만큼 나도 행복해'라고 생각한다는 점이 다른 게 아닌가?

64 미국에서 매장이나 화장 장례를 치르려면

한국에는 결혼 예식장은 도시 여러 곳에 번듯하게 존재하지만, 장례식장은 병원 맨 아래층이나 지하층에 있다. 미국에는 결혼 예식장은 없지만, 장례식장은 도시 여러 곳에 번듯하게 존재한다.

한국에서는 병원에서 장례식도 겸하거나 시골 같으면 집에서 장례를 치르지만, 미국에서는 병원이나 집에서 운명하면 미리 알아두었던 장례식장에 전화한다. 전화를 받은 장례사가 모든 것을 알아서 처리한다.

기본으로 사랑하는 사람의 죽음은 우리 중 누구도 겪을 수 없는 가장 충격적인 경험 중 하나이다. California Department of Consumer Affairs의 Cemetery and Funeral Bureau는 자신이나 가까운 사람을 위한 장례식 및 묘지 준비에 대한 어려운 결정을 내리는 데 도움이 되는 소책자를 제공한다. 가격과 서비스를 비교하고, 정보에 입각한 결정을 내림으로써 비용을 줄일 수 있다.

묘지 및 장례국은 캘리포니아 장례식 시설, 장례식 감독, 방부제, 묘지 중개인, 묘지 판매원, 묘지 관리자, 화장된 유골 처리기, 화장터, 화장터 관리자 등 여러 정보를 제공한다.

매장의 경우 미리 공원묘지에 묘지 자리를 사두는 것이 좋다. 묘지가 준비되어 있지 않을 경우 장례사에게 부탁하면 알아서 마련해 준다. 하나서부터 열까지 장례사가 처리해주는데 심지어 장례식에서 기도해줄 목사도 저렴한 가격에 모셔온다. 장례식 비용 역시 미리 보험에 가입해 놓으면 후손들이 염려할 게 못 된다.

한국에서는 장례식 후에 하객들이 버스에 동승해서 장지로 간다. 미국에서는 장례식 후에 하객들이 각자 자기 차를 타고 장지로 간다. 하객이 많으면 자동차 행렬이 길어지기 때문에 경찰 모터사이클 에스코트를 받는다. 경찰 모터사이클이 차량 행렬 맨 앞과 뒤에서 에스코트하면서 일반 차량의 통행을 저지하고 천천히 움직이는 장례 행렬의 원활한 운행을 돕는다. 장례 측에서는 이때 동원되는 경찰 모터사이클 수에 따라 경비를 지불해야 한다. 한 사람이 세상을 떠나는 장례 행렬은 장엄하고 거창해서 길을 가던 시민들도 걸음을 멈추고 떠나는 망자의 명복을 빌지 않을 수 없다. 마치 옛날 우리나라 전통 장례식에서 꽃상여 행렬을 보는 것과 같다.

다음은 누님이 화장으로 하겠다고 해서 사전 예약하고 장례보험 들어놓은 사례를 들어보겠다. 캘리포니아에서 직접 경험한 사례임으로 이해에 도움이 될 것이다.

우리 동네에 장례식장이 여섯 군데나 있다는 사실에 놀랐다. 그중의 한 곳은 장례식장과 화장장을 겸하고 있었다. 미국은 화장장이 시내 중심가에 있는가 하면 상업 지역에도 있다.

나는 몇 십 년을 장례식장 앞을 지나다니면서 저 장례식장이 화장장인 줄은 꿈에도 몰랐다. 알고 봤더니 화장장도 일종의 비즈니스이고 비즈니스가 잘 될 것 같으면 화장장을 여는 것이다. 보통 작은 도시에 화장장이 하나 정도 있고 장례식장은 여러 개가 있다. 장례식장에서 장례를 치르고 화장하려면 화장장이 있는 곳에 위탁한다.

우리가 오늘 들른 장례식장 겸 화장장은 시내에 있는 단층 건물이다. 지름이 30cm 정도, 높이가 3m 정도의 굴뚝 두 개가 지붕 위로 솟아 있을 뿐 여느 건물과 다를 게 없다. 굴뚝에서는 아지랑이 같은 눈에 보이지 않는 연기가 계속 피어오르고 있었다.

여직원과 함께 둥근 테이블에 앉아서 한 시간도 넘게 장례 준비에서 화장에 이르기까지 어떻게 진행되는지 새로운 정보를 얻어들었다.

화장하고 남은 재를 항아리에 담아 납골당에 모실 것이냐, 아니면 집에 가져다가 집 어느 곳에 모셔둘 것이냐, 아니면 배를 타고 연안에서 3마일 밖에 나가 바다에 뿌릴 것이냐, 아니면 소형 비행기로 태평양 상공에 뿌릴 것이냐 하는 선택도 해야 했다.

사람은 언제 어디서 죽을지 모른다. 집이 아닌 다른 곳에서 죽으면 시신을 모셔오는 데 드는 비용은 별도로 내야 한다고 했다. 정상적인 근무시간이 아닌 밤이나 주말에 죽으면 특별히 동원된 직원들

가외 수당을 지불해야 한다고 했다. 정해진 규정에서 조금만 벗어나면 별도로 가격을 먹였다. 참으로 놀라리만큼 작은 것 하나하나까지 자세히 나열되어 있었다.

관도 종류가 많아서 고르기가 쉽지 않았다. 관 없이 화장할 것이냐? 화장하는 데 쓰이는 관이 따로 있는데 시신이 누워 있는 관 체로 화장할 것이냐? 관 체로 화장할 경우 관의 종류도 가격별로 다양했다. 멋지고 훌륭한 관에 누웠다가 화장할 때는 훌륭한 관은 그냥 놔두고 시신만 화장할 수도 있다. 아무튼 선택은 끝없이 이어졌다.

장례식장에 며칠간 묶으면서 하객을 맞이할 것이냐 하는 문제도 있었다. 누님은 간단하게 고별 예배를 보고 곧바로 화장하기로 했다. 고별 예배를 보는 동안 관 뚜껑을 열어놓고 하객들에게 보여줄 것이냐 아니면 관 뚜껑을 닫아놓을 것이냐도 선택해야 했다. 누님은 관 뚜껑을 열어놓고 교인들에게 일일이 작별 인사를 하겠다고 했다.

관 뚜껑을 열어놓을 경우 관 위에 올려놓는 장식용 꽃도 선택해야 한다. 또한 시신을 보여주기 위해서는 방부제 처리도 해야 하고 곱게 얼굴 화장도 해야 한다. 하나서부터 열까지 선택에 따라서 차곡차곡 가격이 부과되었다.

화장한 후에 유골은 경비행기에 싣고 멀리 태평양 바다에 나가 하늘에 뿌리기로 했다. 하늘에 뿌린다고 재가 하늘로 날아갈 리는 없겠으나 그래도 하늘나라로 가는 것 같은 기분인지 착각인지에 현혹됐다. 사람은 기분에 살고 기분에 죽는다고 했다. 기왕이면 기분이나마 하늘로 날아가고 싶다면서 상공에 뿌리기로 했다.

사후 처리까지 다 해준단다. 사망 신고도 해주고, 운전면허도 중지시켜 주고, 사회보장국에 신고며 은행 업무 종료까지 산 사람이 가지고 있어야 할 모든 권한을 포기시켜 주는 대행 업무다.

알고 봤더니 산다는 게 나 홀로 거저 사는 게 아니었다. 세상을 살아가려면 여기저기 등록하고 알게 모르게 거미줄처럼 얽매어 있다는 사실도 알았다. 그동안 우리가 무감각하게 대했던 사회 혜택을 다시 되짚어보는 계기가 되었다.

조촐하지만 짭짤하게 선택했는데 7천 달러(9백만 원)가 조금 넘었다. 보험금을 지불하고 나면 앞으로 언제 죽어도 계약한 대로 장례는 치러진다고 했다. 10년 후에 죽는다고 해도 계약대로 이행한단다.

65 미국 경찰과 술 문화

미국 경찰은 공권력을 행사하는 최전선 법 집행관이다. 미국 경찰은 피해자나 약자를 돕고 가해자나 갑질하는 자를 제지하는 임무를 공정하게 집행한다고 믿어 의심치 않는다. 그러므로 경찰이 제복을 입고 업무를 수행할 때는 그의 말에 순순히 따라야 한다.

간혹가다가 경찰이 인종차별이나 과잉 행위를 했다는 뉴스를 접할 때가 있는데 그것은 일부에 속할 뿐이다. 일반적으로는 그렇지 않다는 사실을 알아야 한다.

미국 경찰의 전통은 경찰관이 업무 중에 사망하면 경찰장으로 장례식을 치르는데 그 규모가 어마어마하다. 경찰차와 경찰 모터사이클의 행렬이 끝없이 이어진다. 시민들에게 위압감을 주기에 충분하다.

미국 경찰은 업무에 충실해서 간단한 법을 위반했을 때 한국식으로 경찰에게 사정한다거나 뇌물을 건네었다 가는 가중 처벌을 받게 된다.

미국의 술 마시는 연령은 21세 이상이어야 하며 미국의 술 문화는 집에서 마시는 문화이다. 대부분의 미국 가정집에는 각종 술이 비치되어 있으면 언제든지 칵테일을 만들 준비가 되어 있다. 술은 가정에서 마시든가 싱글일 경우 바에 가서 마시기도 한다.
　술을 공원이나 야외에서 마시는 건 불법이다. 야외에서 술 마시는 건 법으로 금지되어 있어서 만일 이를 어기고 술을 마셨다가는 손목에 수갑을 찬다. 미국인들은 신고의식이 투철해서 누군가 위법 행위를 하면 곧바로 신고한다.

66 미국 세금제도

　세상에서 가장 듣기 좋은 소리는 세금 내지 말라는 소리일 것이다. 미국에서 살다 보면 세금이 졸졸 따라다녀서 죽을 노릇이다. 물건값이 괜찮다 싶어서 집어 들면 영락없이 세금 때문에 가격이 올라가고 만다. 음식값도 그럴듯해서 먹고 나면 세금이 따라붙는다.
　돈 벌면 세금 내고, 돈 쓸 때도 세금 낸다. 이리 떼이고 저리 떼이고 나면 정말 허탈하다. 민주사회에서 살면서 꼬박꼬박 내야만 하는 것이 세금이기는 하지만, 섭섭한 것도 사실이다.
　한국에서는 물건 살 때 세금을 별도로 내지 않다가 미국에서 물건 가격에 세금 붙이는 걸 보는 한국인들의 시선은 떨떠름하다. 하지만 사실을 알고 나면 이해한다. 한국에서는 물건값에 세금이 포함된 가격이고 미국은 물건 가격, 세금 따로 계산할 뿐이다.
　민주시민은 당연히 내야 하는 것이 세금인 줄은 알면서도 막상 내려 들면 도둑맞는 기분이 들곤 한다. 그러기에 돈 벌 때마다 어떻게 하면 세금을 덜 낼까, 아니면 안 낼 수는 없을까에 온 신경을 곤두세운다. 대통령 중에서 세금을 깎아주겠다는 대통령이 가장 착하게 보이는 것도 그래서이다.

미국은 무엇보다 세금이 많다. 한국에 비해서 많다는 것이고 유럽 국가들에 비해서는 낮은 편이다. 연방정부세, 주정부세, 실업보험, 사회보장보험, 건강보험 등을 합치면 임금의 30%가 훨씬 넘는다. 그래도 미국인들이 불평하지 않는 이유는 부정부패가 없이 공평하다고 믿기 때문이다.

세금 보고가 복잡해서 세무사를 통해서 보고하게 되어 있으며 세무사는 면허제도여서 조그마한 실수도 용납되지 않는다. 또한 세무사도 부정을 시도하지도 않는다. 이 제도는 국가를 신뢰하고 따르게 하는 기초이다.

67 미국에서 자동차 운전의 꿀팁

미국에서 직업을 가지고 살려면 자동차 운전을 하지 않고는 거의 불가능하다. 미국에서 차 운전은 생각보다 쉽다. 미국 도로는 한국 도로보다 넓어서 스트레스를 덜 받는다. 설혹 내가 서툴게 운전하더라도 배려심 많은 미국인 운전자가 알아서 양보해주고 피해 간다.

한국에서는 주유소 주유기 앞에 차를 대면 기름 넣어주는 사람이 있지만, 미국 주유소는 99% 셀프 주유소다. 미국도 20여 년 전까지만 해도 한국처럼 주유소에 기름 넣어주는 사람이 있었다. 하지만 지금은 다 사라지고 모두 셀프 주유소뿐이다. 그 이유는 미국인들은 실용주의이기 때문이다. 가격이 싼 자가 승리하는 식이다. 하지만 한국은 대우받기를 원하는 문화다.

운전하기 전에 가까운 DMV(Department of Motor Vehicles)에 가서 교통법규에 관한 무료 소책자를 얻어다가 숙지해야 한다. 한국에서 미국에 오자마자 운전대를 잡은 한국인들은 자신감이 없어서 자동차 뒷창문에 '초보운전'이라는 사인을 붙이고 싶어 하는 사람도 보앉다.

초보운전 'New Driver'라는 사인이 전혀 없는 것은 아니지만 한 번도 'New Driver'라는 사인을 붙이고 다니는 차를 본 적은 없다. 'Student Driver'라는 사인을 붙인 차는 가끔 눈에 띄지만 'Student Driver'라는 사인이 붙은 차에는 교관과 학생이 타고 있는 경우이다.

미국에서 운전을 배운 사람은 STOP 사인이 익숙하겠지만, 한국에서 운전하다가 미국에 온 사람은 STOP 사인이 익숙지 않아서 교통 티켓을 받는 경우가 흔하다. STOP 사인이 있으면, 일단 무조건 차를 정지선에 맞춰 정차해야 한다. 그리고 3초간 머물면서 앞뒤, 양옆을 확인하고 다시 출발한다.

만약에, 사거리 STOP 사인이라면 먼저 스톱한 차 순서대로 출발한다. 만일 보행자가 있다면 보행자 먼저 보내야 한다. 한국이나 미국이나 보행자에게 우선권을 주는 것이 원칙이다. 미국에서는 교통법규가 보행자 중심이어서 인명사고 시 무조건 운전자 잘못이라는 것을 명심해야 한다.

노란색 스쿨버스가 정차하면 아무리 바쁜 일이 있어도 빗겨 가려고 하지 말고 반드시 정지하라. 아동들이 버스에서 내려 길을 건널 때까지 움직여서는 안 된다. 버스가 움직이면 그때 가야 한다.

만일 경찰이 정지하라고 하면 두말없이 갓길에 차를 세워야 한다. 정지한 다음 운전석 창문을 내리고 경찰이 다가올 때까지 기다려라.

경찰이 와서 운전면허와 자동차 등록을 보자고 하면 순순히 지시에 따라서 움직여야 한다. 경찰이 지시하지 않았는데도 미리 알아서 이것저것 찾다가는 권총을 찾는 것으로 오해받을 수 있다.

미국 경찰은 공권력의 실체여서 함부로 대들면 안 된다. 경찰에게는 공손하게 존칭(Sir)을 붙여가면서 대답해야 한다. 경찰이 부당하다는 생각이 들더라도 현장에서 항의하려 들지 말고 공손하게 대해야 한다. 억울한 일은 후일 법정에서 말하면 된다.

한국에서처럼 화난다고 해서 인상을 쓰거나 큰 소리를 친다면 손목에 수갑이 채워질 수도 있다. 더 심하게 대들다 가는 총에 맞아 죽을 수도 있다. 미국 경찰은 피해자를 보호하고 가해자를 제압하는 훈련을 받은 사람들이다.

미국 경찰은 차를 정지시킨 다음 운전석으로 다가와서 면허증 제시를 요구하면서 자동차 안을 훑어보고 점검 중이다. 총기류와 알코올, 마약류, 화약 등과 같은 위험물질을 눈여겨보고 있다.

자동차 안에 술병이 있어서는 안 된다. 하물며 반쯤 비어 있는 술병이 차 속에서 발견되면 당장 경찰서로 잡혀간다. 미국에서 음주운전은 신세 망치는 첩경이다. 미국에 '설마'는 없다.

주차장에 차를 세우고 차 속에 귀중품(랩톱, 휴대전화, 핸드백 등), 값나가는 물건을 놓고 내리면 도둑이 창문을 깨고 훔쳐간다. 항상 차 속을 들여다봤을 때 돈 될 만한 물건이 없게 보여야 한다. 더군다나 뒷좌석에서 아기가 잠을 자고 있다고 해서 잠깐 상점에 들어갔다 나오려다 가는 아기를 빼앗길 수도 있다. 아기가 보호자 없이 차 속에 홀로 있는 것을 보면 누구라도 경찰에 신고하게 되어 있다. 경찰이 출동해서 부모가 나타날 때까지 자동차 옆에 서서 아기를 지킨다.

시내에서 길가에 차를 주차하려면 주차해도 되는지 아니면 해서는 안 되는지 주변에 사인을 잘 읽어보아야 한다. 어떤 사인은 월요일 10 AM부터 2 PM 사이에는 도로 청소 때문에 주차금지인 곳도 있고 이런저런 사유로 주차를 금지하는 경우가 많다. 길가에 차를 세우고 세차해서는 안 된다. 티켓을 받을 수 있으며 벌금이 자그마치 500달러나 된다.

세금보다 더 황당한 것은 벌금이다. 나는 주로 속도위반 티켓을 떼는데 과속운전의 벌금이 이만저만이 아니다. 벌금은 정말 억울하다. 억울하다고 따져봤자 이길 확률은 미약하다. 따지는 시간에 나가 버는 게 더 낫다는 생각이 맞을 것이다.

68 미국 사회보장연금 제도 = 한국 국민연금
(나의 사회보장국 답사기)

　사회보장연금 사무실은 싸우스 몰 쇼핑센터 맞은편에 있다. 주차장과 건물이 깔끔하다. 유리문을 밀고 들어서자, 안내 테이블에 젊은 흑인 여자가 앉아 있다. 사회보장연금 사무실은 5층에 있단다. 노인들이 들어서면 보나 마나 빤하다는 듯 5층을 가르쳐준다.

　나는 사회보장연금 사무실에는 노인들만 우글거릴 줄 알았다. 그러나 막상 들어가 보니 젊은 친구들이 더 많다. 노인은 드문드문 앉아 있었다. 번호표를 뽑아 들고 자리에 앉아 사방을 둘러보았다. 번호표에 B134번이 찍혀 있고 먼저 서류를 작성하고 기다리란다.

　적어야 할 양식이 어디에 있는지 몰라 한쪽 귀퉁이 테이블에 앉아 있는 경비원에게 물어보려고 앞으로 나갔다. 물어볼 것도 없이 테이블 위에 양식들이 칸마다 쌓여 있다. 서류를 작성해 들고 자리로 돌아와 기다렸다.

　상담 창구가 18개나 되니까 차례가 곧 올 줄 알았다. 그러나 번호 호출이 들쑥날쑥한 게 지나간 번호를 다시 불러들이는 것이다. 젊은 이들은 고용주에게 보여줘야 하는 사회보장번호를 발급받으려는 것처럼 보였다.

운전면허를 갱신해야 하는데 이번 해부터 제출해야 하는 서류가 많다. 그중의 하나가 사회보장(소셜 시큐리티) 번호다. 사회보장번호를 재발급받으러 사회보장국에 들러 기다리면서 사회보장에 관해서 생각해본다.

1935년 8월 14일 루스벨트 대통령이 서명하면서 미국의 사회보장제도(소셜시큐리티제도)는 시작했다. 사회보장제도가 생기면서 노인들이 사회보장연금에 의존해서 살게 되었고 그로 인해 노인들의 경제적 걱정이 사라졌다고 하겠다. 생존에 필요한 일차적 문제인 생활이 보장되니까 노인 인권도 살아나는 것이다.

미국에서 일하는 사람은 누구나 망라하고 사회보장세금을 내야 한다. 사회보장세금은 전체 수입의 12.4%로서 회사에서 6.2%를 내주고 나머지 6.2%는 본인이 부담해야 한다. 동시에 의료보험료 2.9%도 내야 하는데 이것 역시 회사와 직원이 반반씩 내게 되어 있다.

미국인들이 평생 일하는 기간은 평균 35년이다. 일하는 동안 반드시 내야 하는 사회보장세금은 은퇴 후에 사회보장연금으로 받는다. 사회보장연금은 66세부터 수령할 수 있다. 그러나 일찍 은퇴한 사람은 62세에 신청할 수도 있는데 62세에 신청하면 수령 금액의 75%만 받게 된다. 66세에 신청하면 100% 받고, 70세에 신청하면 132%를 받는다.

　미국인들이 평균 35년을 일한 다음 받게 되는 사회보장연금의 평균 금액은 월 1,500달러이다. 62세에 신청하면 월 1,125달러를 받고, 66세에 신청하면 월 1,500달러를 받는다. 70세에 신청하면 월 1,980달러를 받는다. 62세 수령과 70세 수령의 차이가 월 855달러이므로 차이가 큰 것 같으나 62세 수령자는 이미 8년을 받았다는 것과 앞으로 남은 수명을 감안하면 그리 큰 차이는 아니다.

　배우자는 남편이 받는 수령액의 절반을 받게 된다. 배우자도 일을 해서 사회보장세금을 냈다면 연금을 받을 수 있다. 이때 배우자 연금의 절반과 자신이 받게 될 연금 중 어느 편이 큰지 따져보고 유리한 쪽으로 선택하는 것이 좋다. 연금은 죽을 때까지 받는 게 돼서 지금처럼 장수하는 시대에는 큰 혜택임이 분명하다.

　세상살이라는 건 예측이 불가능해서 사회보장제도가 있다손 치더라도 언제 어떻게 될지 우리는 모른다. 천재지변이 일어날 수도 있고 세계 대전이 벌어질 수도 있다.

　1990년대, 빌 클린턴 대통령 시절이다. 사회보장연금이 급격히 줄어들면서 전문가들이 얼마 못 가서 고갈될 것으로 예측했다. 국민에게 스스로 연금을 예금하라고 했다. 그때 태어난 제도가 개인은퇴계좌(IRA, Individual Retirement Arrangements)이다. 연방 사회보장제도를 믿지 말고 각자 개인은퇴계좌를 갖도록 독려했다. 내가 은퇴 나이가 되면 사회보장연금을 받지 못하는 줄 알았다. 하지만 세상 돌아가는 건 아무도 모른다.

빌 클린턴 정부에서 인터넷이라는 새로운 산업이 발명됐다. 인터넷이 세상을 뒤바꾸면서 미국은 단번에 산더미 같은 부를 쌓아나갔다. 그러면서 사회보장연금 감소 같은 말은 꼬리를 감췄다. 2000년 이후 은퇴연금 축소 이야기는 들어보지 못했다. 연금이 충분하다는 이야기이다.

내가 이 이야기를 왜 하는가 하면, 2023년 한국에서 똑같은 소리가 나돌고 있기 때문이다. 20년 전에 미국에서 들리던 소리가 지금 한국에서 들린다. 국민연금이 고갈될 것이라는 말을 하고 있다. 앞으로 어떻게 될지는 아무도 모른다.

69 '거리의 여성' 곳곳에 ... 성매매 공공연

히스패닉·흑인 여성 등 노골적 길거리 호객
지난해 300여 명 체포

지난 주말 저녁 웨스턴과 1가 길을 운행하다 신호등에 멈춰 선 한인 김 씨에게 짙은 화장을 한 한 히스패닉 여성이 다가왔다. "이 근처에 내가 자주 가는 모텔이 있으니 같이 가겠느냐"며 은밀하게 매춘을 제의했다. 김 씨는 "한인타운 일대에서 매춘을 목적으로 호객 행위가 기승을 부린다는 얘기는 익히 듣고 있었으나 이런 제의를 받게 될 줄은 꿈에도 생각하지 못했다"고 말했다.

근처에서 식당을 운영하는 장 씨는 "늦은 밤이면 매춘부로 보이는 흑인이나 히스패닉 여성들이 눈에 띄게 늘어난다"며 "어떨 땐 업소 주차장까지 어슬렁거려 식당 영업에도 지장이 많다"고 말했다.

이처럼 LA 한인타운 지역에서 도로변 호객 매춘이 공공연하게 기승을 부리고 있어 한인 주민과 업주들의 눈살을 찌푸리게 한다. 한인타운 매춘은 거리 호객 외에도 소개, 불법 광고, 유흥업소, 온라인 등을 통해 암암리에 이뤄지고 있다.

LA 한인타운 한복판 윌셔 블러버드의 한 고급 아파트에 거주하는 주부 최 씨는 하루가 멀다고 아파트를 들락거리는 낯선 남성들 때문에 못 살겠다고 말했다. 이웃 주민들에 따르면 한인을 비롯해 다양한 인종의 남성들이 해당 아파트의 한 유닛을 시간 단위로 찾아오는데, 이곳에서 분명 불법 성매매가 이뤄지고 있다고 지적했다.

코로나19 팬데믹 상황이 사실상 종료되면서 LA 한인타운 일원에서 매춘이 다시 성행하고 있다. 이에 따라 매춘과 관련된 경찰 체포도 증가하는 추세다. LA 경찰국(LAPD)은 지난 한 해에만 윌셔센터-코리아타운 지역에서 성매매업 종사, 성 매수, 매춘 알선, 기타 성범죄 혐의로 294명을 체포했다.

이는 팬데믹이 시작됐던 지난 2020년 114명에 비해 약 2.6배 증가한 수치다. LA시 전체적으로도 체포 건수는 2020년 2,214명에서 2022년 2,449명으로 늘어났다.

지난 2월 LAPD 관할 지역에서 펼쳐진 공조 작전에서 불법 성매매 및 인신매매 사범 116명이 체포되기도 했다. 체포된 성매매 종사자와 업주 중에는 한인 등 아시안들이 다수 포함된 것으로 전해졌다.

LAPD에 따르면 윌셔센터-코리아타운 지역에서 '핫스팟'으로 여겨지는 곳은 1가부터 멜로즈 사이 웨스턴 길 북쪽이다. 실제로 이 일대에서 가장 많은 체포가 이뤄졌다.

지난해 7월 LA 지역 온라인 매채 'LA 타코'는 온라인 커뮤니티 '레딧'에 게재된 목격담을 전하면서 한인타운에서 매춘 여성이 크게 늘었다고 보도했다. 한 목격자는 "이른 아침 출근길에 웨스턴과 메이플우드 애비뉴 교차점 부근을 지나던 중 매춘부를 봤다"며 "경찰차가 자주 돌아다니는 지역에서 이러한 일이 대놓고 일어나는지 이해할 수 없다"고 했다.

그렇다고 매춘이 웨스턴 길 북쪽에만 국한되는 것은 아니다. 올림픽 경찰서의 커뮤니티 담당 피터 김 서전트는 "개인적인 소개나 유흥업소, 광고물, 온라인 등 다양한 방식으로 매춘이 이뤄진다"고 밝혔다. 그는 또 "매춘부나 알선책이 크레그리스트와 같은 웹사이트에 광고성 글을 올려 매춘을 원하는 사람들을 접촉하기도 한다"며 "매춘은 주택가나 아파트, 숙박업소 등 장소를 가리지 않고 어디서든 일어난다"고 설명했다.

매춘 관련 체포는 흑인과 히스패닉이 대부분을 차지한다. 김 서전트는 그러나 "흑인이나 히스패닉 체포가 많은 이유는 거리 호객 등 비교적 단속이 쉬운 방법으로 매춘에 나서는 경우가 많기 때문"이라며 "한인들 사이에 매춘은 호텔, 아파트, 주택 등에서 은밀하게 이뤄지고 있다"고 설명했다. 비단 매춘이 LA에서만 일어나는 게 아니다. 미국 대도시에서는 어디를 막론하고 매춘이 성행한다. 가난한 도시일수록 가난에 찌든 여자들이 매춘에 나선다.

미국에서는 성매매 당사자들을 모두 체포한다. 더 무서운 것은 법정에 서게 되고 동시에 얼굴이 공개된다는 사실이다.

70 미국에서 재산 상속

 벌써 오래전 이야기지만 지금도 같은 일이 반복되는 세상이라서……. 아버지 사업체를 물려받은 형은 큰 집에서 어머니를 모시고 풍족하게 잘 살았다. 하지만 며느리는 불만이 많았다. 아들이 둘이나 되는데 왜 시어머니는 큰아들 집에서만 사느냐는 것이다. 작은아들은 뒀다가 뭣에다 쓰려고 아끼느냐고 늘 불만을 털어놓았다.
 이야기를 전해 들은 작은 며느리가 어머니를 모셔갔다. 잠시나마 작은아들 집에서 모시기로 했다. 교회 집사인 작은아들은 집이 가난해서 흑석동에서 셋방살이했다. 비좁은 방에서 어린아이 둘과 시어머니까지 모시자니 방이 턱없이 좁았다. 그래도 가족이 모두 건강하다는 것에 감사하며 살았다.
 환경이 바뀌어서 그런지 아니면 영양이 부족해서 그랬는지 갑자기 시어머니가 병이 나서 돌아가실 것 같아 보였다. 동생은 얼른 형님에게 연락했다. 어머니가 위독하셔서 곧 돌아가실 것 같다고. 형님이 달려오더니 숨이 넘어갈 것 같은 어머니를 앰뷸런스에 태워 집으로 모셔갔다.

동생네 부부도 어머니의 마지막 운명을 지켜보기 위해서 따라나섰다. 형님 집에 도착하자 형수님이 화를 내면서 형님과 싸움이 벌어졌다. 형님은 싸우는 모습을 동생 부부에게 보여주기 싫었는지 형수님을 끌고 안방으로 들어갔다. 안방에서 큰 소리로 싸우는 목소리가 흘러나왔다.

동생네 집에서 돌아가시게 그냥 내버려둘 일이지 왜 집으로 데려왔느냐고 형수님이 소리쳤다. 방문 밖으로 새어 나오는 형님의 말을 듣고 깜짝 놀랐다.

"이 바보야, 정신 차려! 부조금이 얼마나 들어올 건지 알고나 하는 말이야? 어디에다가 빈소를 차리라는 거야?"

동생 부부는 못 들은 거로 하고 어머니 방에 들어가 어머니를 보살폈다. 돌아가시는 줄 알았던 어머니가 정신이 돌아오면서 다시 살아났다. 웃지 못할 에피소드지만 이런 일이 정말 있었다. 옛날이나 지금이나 부모는 안전에도 없고 돈이 어디로 갈 것이냐에만 신경을 곤두세우는 모습은 변한 게 없다. 뭐니 뭐니 해도 부모의 재산이 없으면 형제간에 싸움도 없다.

우리 형제간에도 상속받을 재산이 없었으니까 평생 싸울 일도 없고 마지막까지 우의 깊게 잘 산다. 한국에서는 장남이라든가 아들이라는 문제가 상속이란 문제와 부딪치면 싸움이 발생한다. 하다못해 법에서도 차등 판결을 내리니까 싸워서 더 받으려고 머리를 굴린다.

유산인지 상속인지 때문에 싸우는 일이 미국이나 한국이나 별반 다를 게 없다. 다만 미국에서는 아들딸 구분 없이 균등하게 법이 집행되니까 싸움이 적은 편이다. 미국인들 재산이 한국 돈으로 2억만 넘으면 리빙 트러스트(Living Trust)라는 걸 든다.

리빙 트러스트는 일종의 '신탁회사' 즉 서류상의 회사인데 우리의 개념으로 유언장이나 마찬가지이다. 리빙 트러스트를 작성해 놓으면 사망 시 작성해 놓은 대로 즉각 집행된다. 하지만 리빙 트러스트가 아닌 유언장만 남겼다면 '유언 검증 절차'라는 걸 거쳐야 하므로 재산이 상속자에게 넘어가기까지 1~2년이라는 시간이 소요된다.

재산 분배는 아들딸 가릴 것 없이 동등하게 증여되는 것이 원칙이지만 부모의 재산은 어디까지나 부모의 것이어서 부모가 주고 싶은 자녀나 단체에 기부할 수 있다.

미국에서 부부 재산은 공동 소유이다. 부부 중에 어느 한쪽이 먼저 죽으면 부부 재산은 남은 사람이 소유한다. 문제는 리빙 트러스트가 없으면 남아 있는 한 사람이 재혼한다거나, 재혼했더니 자식이 있을 때 문제는 복잡해진다. 이런 경우를 대비해서 리빙 트러스트가 필요하다.

한국은 유교 문화의 잔재가 남아 있어서 법보다 관습이 앞서는 경우가 있다. 미국은 역사적 배경이 짧은 것도 이유이겠으나 개인주의의 발달로 개인의 의견을 존중하는 편이다. 부모라고 하는 개인의 의사에 자녀가 토를 달 수 없다.

　미국에서 흔히 볼 수 있는 것은 대부분 엄마가 오래 살고 노모의 재산은 살고 있는 집이 전부다. 살던 집을 팔아서 은행에 예금해 놓고 양로원으로 들어가는 노모가 있는가 하면 그냥 살던 집에서 죽는 노모도 있다. 살던 집에서 죽는 노모는 마지막까지 누가 지켜줄 것이냐이다.

　아무도 나서는 자식이 없으면 정부에서 간호인을 상주시켜 돌봐준다. 노모가 죽으면 살던 집을 팔아서 그동안의 경비를 충당한다. 집을 처분한 다음 남는 돈은 정부에 귀속되고 만일 모자란다면 정부가 부담하는 식이다.

　미국에는 효녀가 많다. 죽어가는 노모를 모시고 사는 딸의 효도를 흔히 볼 수 있다. 딸이 노모의 집에 들어가 살면서 마지막까지 돌보면 노모의 집(재산)이 딸의 소유가 된다. 아들만 있고 딸이 없는 노모는 어떻게 하나. 아들이 노모를 마지막까지 모시는 건 못 봤다.

　아들은 노모가 사는 집(재산)의 가치가 충분하면 간호인을 고용해서 상주시키지만 그렇지 않을 경우 집을 처분해서 그 돈으로 양로원으로 옮기게 한다. 한국이나 미국이나 재산이 많은 노모는 아들이나 딸이나 서로 모시려고 한다. 마지막까지 돈이 있어야 대우받는 세상이다.

미국에서 유산상속세

미국에서 합법적으로 거주하는 서민은 유산상속세를 내지 않는 게 일반적이다. 유산상속세 면제액이 1,292만(1백 70억 원) 달러이기 때문이다. 한국에서는 상속세 계산 시 자녀의 수에 맞추어 면제액이 늘어난다. 예를 들어 자녀 한 명마다 면제액을 5,000만 원 받는다면 자녀가 4명인 경우, 면제액이 2억 원으로 늘어난다. 그러나 미국에서 상속세 계산은 자녀의 수는 아무런 영향을 끼치지 않는다.

부모 사후 상속 소송에 휘말리지 않게 하기 위해서는 리빙 트러스트를 작성해둬야 한다. 시간이 흐르면서 사정이 달라질 수도 있기 때문에 그때 맞춰서 업데이트도 해야 한다.

제4부

미국에서 사는 한인들

미국에서 한국서처럼 차려입고 나가면 남들이 이상한 눈으로 본다거나 어디 가느냐고 묻는다. 분위기에 맞춰가면서 살다 보면 자연스럽게 허세가 사라진다. 특이한 것은 허세를 까맣게 잊어버리고 살던 사람도 한국에 들어갈 때는 다시 허세 물건들을 챙겨 든다는 사실이다.

71 같은 생김새의 힘

한국에서 사는 사람들은 모른다. 같은 생김새가 갖는 힘을.

미국에서 아이가 유치원에 다닐 때는 같이 어울리는 아이가 백인인지 흑인인지 관계없이 어울린다. 자신이 어느 인종에 속하는지 모르고 관심도 없다. 하지만 초등학교를 거쳐 중학교에 가면 완연히 달라진다.

동양 애들은 동양 애들끼리만 어울린다. 누가 시켜서도 아니고 말이 잘 통하지 않아서도 아니다. 자연스럽게 갈라진다. 백인 애들은 백인 애들끼리, 흑인 애들은 흑인 애들끼리, 동양 애들은 동양 애들끼리 몰려다닌다. 이러한 경향은 죽는 날까지 이어진다. 이것이 같은 생김새의 힘이다.

한국 사람들은 같은 생김새 틈바구니에서 살기 때문에 사람은 다 그런 줄만 알았다. 머리는 검고, 눈동자는 어두운 갈색에 코가 적당히 작고 얼굴이 둥글넓적하고 키가 고만고만한 게 사람이라고 인식하고 살았다. 오죽하면 살색, 피부색이라는 단어가 있었겠는가?

사실 지금도 나는 나의 피부색이 무슨 색인지 모른다. 미국에서 신상명세서를 작성하다 보면 피부색을 적으라는 난이 있다. 우리는 우리를 황인종이라고 알고 있다. 사전에서 찾아보면 황인종은 피부색이 황갈색인 인종이라고 나와 있다. 황갈색은 또 어떤 색인가? 사전은 누른빛을 띤 갈색이라고 말한다.

영어로 번역하면

누른색 = yellow, 갈색 = brown

내 피부색이 황인종 = 황갈색 = 누른빛을 띤 갈색 = Yellowish Brown?

글쎄요!

황갈색 피부의 한국인은 햇볕에 그을린 사람들의 피부색 갈색을 말한다. 도시인은 아니다. 나는 피부색 난에 Orientate라고 적었다. 동양인이라고 적다가 그것도 석연치 않아서 아예 Korean이라고 적은 일도 있다. 하지만 지금 세상엔 한국인이라고 해서 다 같은 피부색이 아니지 않은가? 고민은 지금도 진행형이다.

여기서 나의 견해를 말하자면 백인이라고 해서 피부가 흰색은 아니다. 하지만 갓난아기나 어른 여자도 속살은 흰색이 맞다. 흑인이라고 해서 피부가 까맣지는 않다. 흑인들도 Black이라고 적는 것을 싫어한다. Dark Brown이라고 적는다.

아메리칸 인디언을 Red Skin이라고 하는데 세상에 빨간 피부가 어디 있는가? 아무튼 지금은 다양한 피부색을 지닌 인종이 어울려 사는 세상이다. 말이 좋아서 어울려 산다지만 실은 닮은 사람들끼리 어울린다는 게 맞는 말이다. 어쩌다가 우리와 다르게 생긴 사람을 볼라치면 선뜻 마음이 가지 않는다. 하지만 세상은 온갖 다른 생김새 사람들로 득실거린다.

때로는 딸이 개 '쉐이'를 우리 집에 맡겨놓고 외출할 때가 있다. 덩치 큰 개가 집 안에서 이리 뛰고 저리 뛰는 꼴이 마음에 들진 않지만 그래도 봐달라니 봐줄 수밖에 없다. '쉐이'는 사람처럼 떡하니 소파에 올라가서 앉아 있거나 누워 있다. 소파는 늘 제 차지이다. 내가 TV를 보고 있으면 개도 나와 함께 TV를 본다.

한 번은 TV에 개들이 등장했다. 여러 마리 개가 벌판을 달려갔다. 소파에 누워 있던 '쉐이'가 벌떡 일어나더니 TV 앞으로 다가가면서 멍멍하고 짖는다. 아예 TV 앞에 앉아서 자기 동료들이 노는 모습을 보면서 자신도 같이 놀았으면 하는 눈치다. 같은 생김새가 갖는 위대한 힘을 보는 것 같아서 혼자 웃었다.

인종이 다양한 미국에서 살다 보면 같은 생김새가 얼마나 중요한지 알 수 있다. 초록은 동색이요 가재는 게 편이라고 자신과 비슷하게 생긴 사람에게 끌리기 마련이다.

부부는 닮았다는 말을 많이 한다. 같이 오래 살다 보니 닮기도 했겠지만 실은 처음 파트너를 선택할 때 자기 눈에 익은 모습이 편해서 결정 내리는 수가 많다. 사람은 늘 거울로 자신을 보면서 살기 때문에 자신과 비슷한 얼굴 생김새에 끌리게 되어 있다.

다인종 사회인 미국에서 우리와 생김새가 같은 사람의 숫자가 많지 않다는 것은 불리하다. 아시아인들이 차별받는 이유도 첫 번째는 숫자적으로 적기 때문이다.

같은 생김새의 인구가 절대적으로 많다면 감히 차별하겠는가? 아시안이라는 이유로 무차별 폭행당하는 동영상을 볼 때마다 같은 생김새라는 이유로 내가 분개하는 것이다. 한국에서 사는 사람들은 모른다. 같은 생김새끼리 어울려 사는 게 얼마나 행복한 삶인지.

72 같은 한국인이라서

나는 TV에서 뉴스와 스포츠 중계방송만 본다. 스포츠 중에서도 몇 가지 선호하는 스포츠만 골라 본다. 프리미어 리그 축구 경기를 즐겨 보는데 그중에서도 손흥민이 뛰는 토트넘을 좋아한다. 프리미어 리그 축구 경기 중계방송은 주로 새벽이나 오전에 하는데 영국과 시차 때문일 것이다.

가끔 손흥민이 골을 넣으면 그날은 온종일 기분이 좋다. 아메리칸 리그 축구 경기도 있지만 프리미어 리그처럼 박진감 넘치게 뛰지 못해서 긴장감이 덜하다. 이탈리아 리그도 보여주는데 그도 시시하게 보인다. 그보다도 토트넘 경기를 즐기는 까닭은 한국 선수 손흥민이 뛰기 때문이다.

4월로 들어서면서 야구 경기는 매일 있다시피 한다. 미국 야구는 네이셔널 리그와 아메리칸 리그 두 리그가 있어서 대도시는 연고지 팀이 둘씩 있는 경우도 있다. 양키스와 메츠 두 팀이 뉴욕을 연고지로 갖고 있고, 다저스와 앤젤스가 LA를 연고지로 한다. 자이언트와

에이스가 샌프란시스코 베이를 연고로 하므로 내 선호 팀은 둘이나 된다.

매일 샌프란시스코 자이언츠와 오클랜드 에이스 두 팀의 경기를 보는 셈이다. 이 두 팀은 지역 연고 때문에 내 편일 수밖에 없다. 그 외에 한국인 선수가 뛰는 팀도 빼놓지 않고 본다. 토론토 블루제이의 류현진, 탬파베이 레이스의 최지만이 있어서 흥미롭다.

매주 목요일부터 일요일까지 벌어지는 PGA와 LPGA는 빼놓을 수 없는 흥미진진한 골프다. 그 까닭은 빈번히 한국 선수들이 트로피를 들어 올리기 때문이다. 더군다나 LPGA에서는 한국 여자 선수들이 휩쓸고 있다. 한국 선수들만이 아니라 호주, 뉴질랜드, 미국 선수들도 국기만 다른 국기를 달았을 뿐 한국인이다.

여자 프로 골프에서 한국 여자 골퍼들이 너무 많이 우승하다 보니 미국인들이 TV 중계방송 보는 걸 싫어한다. 같은 생김새의 끌리는 힘 때문이다. TV 방송국에서도 광고 수입이 줄어들어서 중계방송을 포기하는 수가 많다. 어쨌든 나야 한국인 선수들이 잘하니까 재미있게 본다.

더군다나 지난주에 벌어진 이변은 세계를 놀라게 했다. LPGA에서 호주 교포 이민지가 코그니전트 파운더스컵을 제패했다. 첫날부터 선두에 서더니 4일간 계속 선두를 유지했다. 이민지는 뉴저지주 클리프턴의 위쪽 몽클레어 컨트리 클럽에서 최종 합계 19언더파

269타를 기록, 2위 렉시 톰프슨(미국)을 2타 차로 따돌리고 우승을 차지했다. 자랑스러운 여자 골퍼다.

지난해 7월 메이저 대회인 에비앙 챔피언십 이후 약 10개월 만에 트로피를 추가한 이민지는 LPGA 투어 통산 7승을 수확했다. 우승 상금은 45만 달러(5억 4천만 원)다.

한편 남자 경기 PGA 투어 AT&T 바이런 넬슨에서 이경훈(31)은 2년 연속 우승을 달성했다. 이경훈은 텍사스주 매키니의 TPC 크레이그 랜치에서 열린 대회 마지막 날 4라운드에서 이글 1개와 버디 7개를 묶어 9타를 줄이면서 63타를 쳤다.

최종 합계 26언더파 262타를 기록한 이경훈은 25언더파 263타의 조던 스피스(미국)를 1타 차로 제치고 트로피를 걸머졌다. 우승 상금 163만 8,000달러(20억 원)를 받았다. 자랑스러운 한국인 청년이다.

지난해 5월에 이 대회에서 PGA 투어 80번째 출전만에 통산 첫 승의 감격을 누린 이경훈은 대회 2연패와 투어 2승째를 수확했다. 또한 한국 선수가 PGA 투어 대회에서 '타이틀 방어'에 성공한 것은 이경훈이 최초다.

PGA 투어에서 2승 이상 거둔 한국 선수는 최경주(8승), 김시우(3승), 양용은, 배상문, 임성재(이상 2승)에 이어 이경훈이 여섯 번째다. 같은 한국인이라는 이유 때문에 한국인이 출전하는 경기만 따라다니면서 즐기는 것도 한국인만이 맛볼 수 있는 묘미라면 묘미이다.

73. 미국 한인 교포는 몇 명이나 되나?

한인 인구 분석을 위해서 아메리칸 커뮤니티 서베이(ACS)의 조사 분석과 퓨리서치가 조사한 두 지표를 비교한다. 미국 연방 센서스국은 10년마다 인구조사를 실시한다. 10년마다 시행하는 센서스국 인구조사는 연방의회 의석 할당이 목적이다. 아메리칸 커뮤니티 서베이(ACS)는 연방 센서스를 분석해 별도의 통계를 작성한다. ACS의 주요 목적은 미국 인구의 변화를 분석하는 데 있다. 사회적·경제적 특성, 즉 교육, 주택, 일자리 등을 측정한다.

최근 발표한 자료에 따르면 2021년 기준으로 미 전역 한인 인구는 총 1,945,880명(혼혈 포함)이며, 캘리포니아가 가장 많은 인구(562,487명)를 기록했다. 이어 뉴욕(142,143명), 텍사스(111,701명), 뉴저지(109,856명), 워싱턴(97,176명), 버지니아(93,481명), 일리노이(73,363명) 순이었다.

미 동남부에서 한인이 가장 많은 조지아는 일리노이 다음으로 8위를 차지했고, 이어 메릴랜드(6만여 명), 하와이(5만 6천여 명) 순으로 한인이 많이 거주한다. 한편 한국 외교부가 내놓은 2021년 자료는 유학생과 주재원 등 단기 체류자를 포함해 재미교포 인구를 2,633,777명으로 파악하고 있다.

또 다른 조사로 퓨리서치가 2019년 4월 29일 발표한 미 전역 아시안 인구 데이터에 따르면 미국에 거주하는 한인은 190만 8,000명인 것으로 나타났다.

Korean population in the U.S., 2000-2019

Year	Population
2000	1,228,000명
2010	1,707,000명
2015	1,822,000명
2019	1,908,000명

미국 10대 광역권(Metropolitan)을 기준으로 조사한 한인 인구 순위는 다음과 같다.

Top 10 U.S. Metrolitan areas by Korean population, 2019

Metro area	Korean population
Los Angeles	326,000명
New York	220,000명
Washington	96,000명
Seattle	67,000명
Chicago	62,000명
San Francisco	60,000명

Atlanta	51,000명
Philadelphia	45,000명
Dallas	41,000명
San Jose, CA	36,000명

한인 인구는 326,000명으로 집계된 LA가 가장 많고, 2위는 22만 명의 뉴욕, 3위는 96,000명을 기록한 워싱턴이 차지했다. 그 뒤를 시애틀(67,000명), 시카고(62,000명), 샌프란시스코(60,000명), 애틀랜타(51,000명), 필라델피아(42,000명)이다. 산호세(36,000명)는 달러스에 이어 10위를 기록했다. 여기서 유의할 점은 샌프란시스코와 산호세는 하나의 지역으로 간주해야 한다.

한인 이민자 10명 중 8명은 미국에 거주한 기간이 10년을 훌쩍 넘긴 것으로 조사됐다. 2019년 기준 한인 이민자의 80%가 10년 이상 미국에 체류한 것으로 집계됐다. 특히 21년 넘게 미국에 거주한 한인은 전체 인구의 57%를 차지했고, 16~20년은 12%, 11~15년은 11%인 것으로 나타났다.

2000년 62%였던 10년 이상 거주 한인은 2010년 66%, 2015년 74%으로 증가하며 꾸준한 증가율을 기록하고 있다. 한국에서 태어나 미국으로 건너온 한인 이민 1세대의 중간 연령은 48세로 아시안 이민자 전체 평균(34세)보다 월등히 높았다. 반면 미국에서 태어난 한인 2세의 평균 연령은 20세인 것으로 조사됐다.

이민 1세대의 64%가 미국 시민권을 가지고 있으며, 36%가 비시민권자인 것으로 조사됐다. 이번 조사에서 2019년 현재 미국 거주 한국인의 67%가 영어 구사에 어려움이 없는 것으로 나타났다. 외국에서 태어나 미국으로 이민 온 한인 1세대는 2명 중 1명(50%)이 영어를 사용할 수 있으며, 미국에서 태어난 이민 2세대는 94%가 영어에 능통하다고 밝혔다.

미주 한인들의 소득은 아시안 이민자 전체 평균에 미치지 못했다. 퓨리서치가 조사한 이번 결과에 따르면 2019년 현재 미국에 거주하는 전체 아세안의 중간 소득은 85,800달러. 이에 비해 미주 한인들의 중간 소득은 72,200달러로 집계됐다.

이중 한국에서 출생한 이민 1세대의 중간 소득은 68,000달러였고, 미국에서 태어난 한인 2세대의 중간 소득은 88,100달러로 아시안 전체 평균보다 조금 높았다.

한인들의 주택 소유율은 미국 전체 평균 64%보다 낮은 52%로 집계됐다. 이민 1세대는 53%가 집을 소유하고 있으며 미국 출생 한인 2세대는 48%가 주택을 소유하고 있는 것으로 나타났다.

주목할 만한 조사는 빈곤계층이다. 이번 조사에서 미주 한인 중 11%가 빈곤계층에 속하는 것으로 드러났다. 이민 1세대는 전체의 12%, 한인 2세는 9%가 빈곤을 경험하고 있으며 65세 이상 노년층은 5명 중 1명꼴인 19%가 빈곤층인 것으로 분석됐다.

한편 퓨리서치는 미국 전체 인구의 약 7%를 아시안이 차지하고 있으며, 아시안 인구는 빠르게 증가해 2060년에는 현재의 4배 가까운 4,600만 명에 이를 것으로 내다봤다.

74 미국은 가난한 한국 노인들이 살기에는 천국이다

　미국은 돈 없는 한국 노인들이 살기에 천국이다. 한국이나 미국이나 돈 있는 노인들이야 자기 천국 자기가 만들겠지만, 돈 없는 노인들이 문제다. 돈 없는 노인들이 한국은 지옥이고 미국은 천국이라고 말한다.
　한국에서 살았다면 기초연금으로 한 달을 살자니 폐지를 주우러 다니지 않을 수 없었을 것이다. 일흔이 넘도록 일을 해야만 하고, 일도 못하고 돈도 없는 황혼고독에 자살했을지도 모를 일이다. 노인일망정 천만다행으로 미국에 이민 오는 바람에 심펑이 펴서 살만하다.
　한국에서 60이 넘어 미국에 이민 온 노인들은 가지고 온 돈도 없고, 그렇다고 직장을 얻을 수도 없고 결국 정부에 의존하는 수밖에 없다. 2000년까지만 해도 65세 이상인 노인들은 미국에 오자마자 곧바로 웰페어(기초생계비)를 지급해주었다. 그러나 미국 정부도 점점 약아지면서 지금은 미국에 5년을 거주해야 웰페어를 받을 수 있다.
　현재 한국 노인들이 받는 웰페어는 한 달에 대략 900달러가 넘는다.(캘리포니아 기준) 그리고 미국 노인들이 받는 각종 혜택은 똑같이 받는다. 병원도 100% 커버되고. 약값도 공짜이고, 한 달에 20달러만 내면 시내버스며 전철 승차권 24매가 나온다. 우버 택시도 20마일(32km) 이내의 거리라면 시에서 보조해준다.

노인 아파트 세도 수입에 따라 받기 때문에 웰페어를 받는 노인들에게는 월세가 소득의 30%만 내면 된다. 한 달에 150달러만 내면 아파트에서 아침저녁 식사를 주기 때문에 구태여 궁상스럽게 혼자서 해먹으려고 수선 피울 이유도 없다.

한국 노인들이 모이는 노인회에는 주정부에서 나오는 보조금으로 점심을 해서 나눠 먹는 게 일반적이다. 한국 할머니들은 알뜰해서 웰페어 받는 돈으로 한 달 생활하고도 남는다. 남는 돈으로 계도 들고 해서 목돈을 만들어 아들에게 주기도 한다. 시쳇말로 웰페어 돈 나오는 날이 되면 아들이 어머니 집에 와서 기다리고 있단다. 맡겨놓은 제 돈처럼 받아가려고……

한국 어머니들은 아들 주지 못해 안달병에 걸려 있는 궁상들이다. 노인이 되어서도 행복한 고민을 꿈꾸는 가난한 한국 노인들을 보면서 미국은 가난한 한국 노인들이 살기에 천국인 거 맞다.

아주 떡 벌어지게 부자는 아니지만, 미국 중산층으로 은퇴한 한인 노인들이 사는 방식은 여러 가지다. 그중의 하나는 은퇴촌으로 들어가는 삶이다. 대도시 근교에는 미국인 은퇴자를 위한 은퇴촌이 몇 군데 있기 마련이다.

미국의 스케일이 그러하듯이 은퇴촌은 규모가 대단해서 18홀 골프장은 기본이고 각종 운동 시설이 갖춰 있고 연예장에 카페도 있다. 보통 55세 이상 노인들만 살게 되어 있어서 사고나 위험에서 벗어나 있다. 고급 개인 집이 있는가 하면 아파트 같은 타운하우스도 있다. 한인 노인들은 한데 모여 사는 곳도 있어서 외롭지 않다.

  그런가 하면 웰페어 탈 정도로 가난하지는 않고, 그렇다고 부자는 못 되는 은퇴한 한국 노인들은 고향인 한국으로 역이민 간다. 고향에 가서 미국 사회보장연금을 받으면서 산다. 그 숫자가 지난 10년 사이에 7십만 명이 넘었다. 미국에서 은퇴한 한국 노인들에게는 선택의 여지가 많은 게 미국이 한국보다 살기 좋은 이유의 하나이기도 하다.

75 '효도' 나들이

모처럼 점심을 먹으러 인앤아웃 버거에 갔다. 실내 식탁이 허용됐다지만 그래도 께름칙해서 야외 테이블에 자리 잡았다. 야외 테이블이 널찍널찍하게 떨어져 있어서 코로나19에 안전해 보였다. 파라솔을 이고 있는 둥근 테이블이 6개 있는데 그런대로 깨끗했다. 우리야 늘 먹던 대로 햄버거와 후렌치 후라이에 마시는 건 그냥 맹물이다. 햄버거도 오래간만에 먹었더니 맛이 그만이다.

옆 테이블에는 50대쯤 보이는 백인 남자 중년이 동양인 할머니를 모시고 와 자리에 앉았다. 할머니는 적어도 90은 가까워 보였다. 할머니는 자리에 앉아 기다리고 중년 남자가 햄버거를 사러 안으로 들어갔다. 나는 참 착한 아들이구나 생각했다. 아들이 어머니를 모시고 햄버거 먹으러 온 것이 분명했다.

한참 있다가 아들이 햄버거를 들고 자리로 돌아왔다. 둘이 잘 먹겠구나 했는데 할머니는 안 먹고 아들만 햄버거를 맛있게 먹고 있었다. 할머니는 아들이 먹는 모습을 흐뭇하게 바라보고 있다. 효도하는 아들이 부러웠다. '인종은 다르지만 백인 아들일망정 잘 길러놓으면 한국인 아들보다 낫네' 하는 생각이 들었다.

저녁에 노인 아파트에서 사는 누님을 만나 이런저런 이야기를 나누다가 낮에 본 효도 이야기를 꺼냈다. 누님이 듣고 있더니 한마디 던진다.

"얘! 그 사람 아들 아니다. 엄마가 햄버거 먹고 싶다고 하면 아들 같으면 햄버거 사다가 던져주지. 모시고 나가서 안 먹어. 아들은 제 자식들은 데리고 나가서 사먹지만 엄마는 안 모시는 거야. 그 남자는 복지사야. 돌봄이란 말이다. 사회보장국에서 고령자에게 돌봄이를 보내주는데 일주일에 3일, 하루에 4시간씩 도와주는 거야. 한 달에 80시간을 넘길 수 없어. 돌봄이가 자기 점심 먹으러 나가는 길에 할머니를 데리고 나왔을 뿐이야."

누님의 이야기를 듣고 보니 그럴듯하게 들렸다. 노인들만 모여서 사는 노인 아파트에서 이런저런 사례를 보고 하는 이야기이니 신뢰가 갔다. 그때야 나는 알아차렸다. 그게 일종의 비즈니스라는 것을. 백인 남자는 근무 중이었다.

누님은 "그래도 그게 어디냐"고 말했다. 할 일 없이 창밖만 내다보는 노인을 차에 태워서 바깥나들이를 시켜주는 것이 어디냐. 돈 없는 노인을 위해서 아들이나 딸이 시간 없애가면서 '작은 효도'일망정 해주겠니? 말을 듣고 보니 그런 것도 같다. 모두가 바쁘니까 비즈니스가 아니면 움직이지 않는다.

그나마 다행인 것은 정부 사회보장국에서 기능적으로나마 '효도'

를 해주는 것이 고맙기도 해 보였다. 세상이 바뀌다 보니 참 이상한 효도도 다 보겠다. 그나마 미국이니까 '효도 나들이'라도 받지…….

76 과시 욕구

    한국에서는 허세가 살아 숨 쉰다. 가짜일망정 명품 가방을 들고 다니는 이유는 허세 때문이다. 한국인 부모들이 자녀의 대학으로 미국 명문대를 선호하는 까닭도 알고 보면 허세 때문이다. 미국 학부모들은 대학 이름보다 전공과를 선호한다.
    한국에서 유학이나 이민 오는 사람들의 가방에는 멋지고 비싼 옷이 들어 있다. 심지어 파티복까지. 하지만 미국에서는 한국서처럼 옷을 차려입고 갈 곳이 없다. 한국에서는 지하철을 타고 시내에 나가더라도 옷을 차려입고 나선다. 그곳 사람들이 모두 차려입었으니까 자기도 뒤지지 않게 입어야 한다.
    하지만 미국에서는 전철보다는 자기 차를 타고 다닌다. 차를 운전하고 가서 잠깐 내렸다가 올 것인데 구태여 차려입을 이유가 없다. 남들이 모두 캐쥬얼하게 입고 다니니까 자기도 분위기에 따를 수밖에 없다.
    그뿐만 아니라 한국서처럼 차려입고 나가면 남들이 이상한 눈으로 본다거나 어디 가느냐고 묻는다. 분위기에 맞춰가면서 살다 보면 자연스럽게 허세가 사라진다. 특이한 것은 허세를 까맣게 잊어버리고 살던 사람도 한국에 들어갈 때는 다시 허세 물건들을 챙겨 든다는 사실이다.

예를 들면 미국에서의 일은 체력적으로 고되다. 든든히 먹지 않으면 힘을 쓸 수 없다. 미국에서 열심히 일하다 보면 체중이 늘고 살이 찐다. 어느 정도 체중을 유지해야만 힘을 쓸 수 있기 때문이다. 그러다가도 한국에 들어갈 때는 몇 달 전부터 다이어트를 시작한다. 체중을 줄이고 몸매를 갖춘 다음 한국에 들어간다. 이것도 실은 진짜 자기가 아닌 허세에 속한다.

77 불편한 진실, 아시안 인종차별과 혐오

　미국에서 주류를 이루는 백인이나 흑인들 사이에서 아시안(중국, 한국, 일본)을 얕잡아보는 경향이 없지 않다. 원인이야 다양하겠지만 결과적으로 나타나는 현상은 아시안에 대한 인종차별이나 혐오로 보인다. 아시안 중에서 중국은 인구도 많아서 아시안 하면 중국인이 대표주자다.

　지난주 수요일(9월 4번째 주) 샘 리카드로 산호세 시장은 과거 중국인들에게 자행한 인종차별과 폭력의 역사에 관해서 사과했다. 이에 앞서 시의회는 1887년 산호세 차이나타운 방화에 대한 사과문을 승인했다.

　산호세시의 중국 이민자들 후손에게 사과는 코비드19 대유행 기간 미국에서 반아시아적 증오가 증가하고 있는 가운데서 나온 것으로 아시아계 미국인에 대한 인종차별의 유산에 관심이 쏠리고 있기 때문이다.

　19세기 후반, 십 대였던 중국인 영슝쿵은 캘리포니아 산호세에 자리를 잡았다. 산호세 차이나타운에는 그의 삼촌이 가게를 운영하고 있었고 그는 저임금 일자리에서 일하던 중국인들이 번 돈을 본국으로 송금하는 일을 도왔다.

나중에 젊은 영은 임금이 후한 백인 가정 노동자로 일했다. 일을 마치고 집으로 돌아올 때면 백인 아이들이 그에게 돌을 던지기 때문에 있는 힘을 다해 뛰어야만 했다.

1887년, 산호세 시의회에서 차이나타운은 이웃의 성가신 존재라고 선언하자 사람들은 차이나타운에 몰려와 불을 질렀다. 1887년 5월의 사태였다. 한때 수십 개의 상점과 식당이 몰려 있던 차이나타운은 불길에 휩싸였다. 중국인 이민자들이 예배 보던 교회도 타버렸다. 이재민 1,400명이 발생했다.

1870년대와 1880년대에 미국 서부 지역에서만도 150여 건의 반중국 폭동이 발생했다. 최악의 예 중 하나는 1871년 로스앤젤레스 차이나타운에 불을 질렀고 반중국 정서는 나중에 폭행, 방화, 살인으로 확대되었다. 당시 19명의 중국인이 폭도들에 의해 살해되었다.

중국 이민자들은 1800년대 중반 캘리포니아 골드러시 기간에 캘리포니아로 몰려들었다. 골드러시가 끝난 다음 대륙횡단 철도를 건설하는 데 노동력으로 기여했다. 중국 공포증은 1882년 연방의회가 중국인 배제법을 공포하면서 절정에 달했는데, 이는 사실상 중국 노동자의 이민을 금지하는 법이었다.

2011년 10월 미국 상원 의회는 인종이나 국적에 따라 이민을 제한하는 유일한 법안으로 남아 있는(1882년 제정된 중국인 배제법) 이 법에 대해 사과했다.

지난주에 산호세시는 중국 이민자들과 그들의 후손들에게 과거 차이나타운 방화에 대하여 공식적으로 사과한 첫 번째 대도시다. 산호세시 결의안은 "심각한 부당함에 대한 사과는 과거를 지울 수 없지만, 역사적 잘못을 인정하면 오늘날 미국이 직면하고 있는 인종차별의 중요한 문제를 해결하는 데 도움이 될 수 있다"라고 밝혔다. 산호세는 현재 100만 명 이상의 인구를 가지고 있으며, 그중 약 30%가 아시아인이다.

아시안을 얕잡아보는 데에서만 인종차별이 시작되는 게 아니다. 그보다는 아시안의 교육열이 어느 인종보다도 높아서 결과적으로 좋은 직장을 차지하고 있는 것도 하나의 인종차별 이유가 되겠다.

예를 들어 아마존 직원 중의 저임금 시간제 근무자 40만 명 가운데 60% 이상이 흑인이나 히스패닉인 것으로 나타났다. 저임금 직원 풀타임의 경우 연봉은 평균 3만 8천 달러인 것에 비해서 회사 운영이나 테크닉직의 경우 연봉이 평균 12만 5천 달러 이상이다.

고임금 직종의 82%가 백인과 아시안들이 차지하고 있다는 사실은 가장 만만한 아시안에게 질투와 혐오 의식을 불러일으키는 빌미가 되기도 한다.

78 미국 거주 아시아인이 차별 대우를 받는 이유

미국 내 출신국가별 아시안 아메리칸 현황(2019년 기준)

출신국가	인구	가구당 중간소득	학위소지율
중국	540만 명	81,600달러	57%
인도	460만 명	119,000달러	75%
필리핀	420만 명	90,400달러	48%
베트남	220만 명	69,800달러	32%
한국	190만 명	72,200달러	57%
일본	150만 명	83,000달러	52%
파키스탄	55만 4,000명	78,000달러	57%
전체	2,200만 명	85,800달러	54%

 미국인들에게 아시아계 미국인이라고 하면 부유하고 고학력일 것이라는 고정관념이 있다. 하지만 출신 국가에 따라 소득과 학력은 천차만별인 것으로 드러났다. 퓨리서치센터의 최근 조사 결과 아시아계 미국인의 2019년 연간 중위 소득은 85,800달러(약 1억 1천만 원)로 미국 전체 가구의 중위 소득인 61,800달러(약 7천 900만 원)를 크게 웃

돌았다.

출신 국가별로 세분화하면 편차가 컸다. 인도계의 중위 소득은 11만 9천 달러(약 1억 5천만 원)로 미국 전체 평균의 2배에 달했다. 반면 미얀마계의 중위 소득은 4만 4천 400달러(약 5천 700만 원)로 미국 전체 평균을 밑돌았다.

미국 내 한인 가구의 중위 소득은 인도와 미얀마의 중간쯤인 7만 2천 200달러(약 9천 300만 원)로 나타났다. 한인은 72,200달러로 가구당 중위 소득이 아시안 아메리칸 국가 중에서 8번째로 나타났다.

미국에 사는 아시안 아메리칸 가운데 한인 인구는 190만 명으로 아시안 아메리칸 출신 국가별 분류에서 5번째로 많은 것으로 집계됐다. 또한 아시아계는 25세 이상 인구에서 대학 학사 이상의 학력 보유자가 54%인 것으로 파악됐다. 같은 나이대의 전체 미국인 중 이 비율이 33%인 것과 비교하면 큰 격차다.

교육 수준도 인도(75%), 스리랑카(60%), 중국, 파키스탄, 한국(57%), 일본(52%)의 학사학위 이상 소지자 비율은 50%를 넘겼지만, 캄보디아, 베트남, 라오스 등 동남아시아인의 30%는 고교 졸업장조차 따지 못했다. 아시아계 미국인이라고 싸잡아 표현하지만 출신 국가에 따라 출발점이 다르다고 퓨리서치센터의 닐 루이스 인종, 민족 연구 부책임자는 밝혔다.

예를 들어 첨단기업의 고소득 일자리를 보장받고 미국으로 온 인도인 이민자와 미얀마 군부의 탄압을 피해 미국으로 도망친 미얀마

망명인을 동일시할 수는 없다는 것이다.

　아시아계 미국인 인구는 2000년부터 2019년까지 2배로 늘어 현재는 2천 200만 명에 달한다. 미국에서 가장 빠르게 늘어나는 인종 그룹인 아시아계는 2060년에는 그 규모가 4천 600만 명에 달할 것으로 퓨리서치센터는 내다봤다.

　덩치가 커지면서 미국 내에서 아시아계는 고학력에 부유하고 성공한 이민자의 전형으로 편중되게 그려지고 있다. 소수에 불과한 일부 사례를 일반화하다 보니 학교 현장에선 아시아계 학생이 조용히 앉아 있으면 실제로는 도움이 필요하다는 뜻일지라도 학습 내용을 이해한 줄 알고 넘어가는 경우가 비일비재하다고 퓨리서치센터는 지적했다.

　또한 아시아계는 주류 사회가 만든 '모범적 소수자'란 틀에 갇혀 증오 범죄의 희생양이 되는 등 이중의 피해를 보고 있다는 지적이 나온다. 엘런 우 인디애나대 역사학 교수는 "아시아계 미국인은 인종차별과 적대감, 폭력으로 고통받고 있다는 것을 계속해서 주장해야 한다"고 말했다. 자기 주장을 내세우는 것이 중요하다. 침묵은 금이라고 하지만 때에 따라서는 침묵은 독일 수도 있다.

79 역이민이 발생하는 까닭

미국에서 살다 한국으로 역이민을 가는 이유는 무엇일까? 젊은 나이에 잘 살아보겠다고 이민 길에 나선 사람들 중에 살만큼 자리 잡은 사람들은 역이민을 꿈꾸지 않는다. 이민에 적응하지 못한 사람들이 한국으로 돌아가기를 원한다. 노동 적령기인 현역으로 역이민 가는 사람들의 이유를 살펴보자.

① 이민이 절실하게 요구되는 상황이 아니었음에도 불구하고 이민을 선택한 경우
② 한국에서는 할 일 없이 지냈는데 이민 가면 좀 달라질 게 아니겠나 하는 막연한 생각으로 이민한 사람
③ 이민 가면 잘 살고 호강하는 줄 알았는데 막상 가보니 실망한 케이스
④ 모든 게 낯설고 아는 사람도 없어서 외롭고 향수에 젖어 못 살겠다는 경우
⑤ 말이 안 통해서 재미가 없다는 케이스

⑥ 먹고 일만 하니 이게 어디 사람 사는 거냐는 인생 철학과
⑦ 돈벌이가 석연치 않아 적응에 실패한 경우
⑧ 육체노동은 할 수 없다는 직업 사상
⑨ 불륜이나 사고, 술 중독 등으로 가정파탄

2~3년 살다 보면 이런저런 이유로 역이민을 결정하는 사람들이 있다. 서울에서 부산으로 이사를 해도 적응하는 데 2~3년은 더 걸린다. 그러나 아직은 이민 가는 사람에 비해서 한국으로 유턴하는 역이민은 적은 숫자에 속한다.

한국인들 중에 역이민을 고려하는 사람들은 높은 의료비와 병원 방문에서 오는 답답함을 호소하는 사람도 많다. 의료 문제는 한국처럼 대부분 직장에서 대납해주게 되어 있고 만일 자영업을 한다면 의료비를 낸 만큼 세금에서 공제해주기 때문에 생돈이 들어가는 것은 아니다.

많은 한국인들이 의료비 내는 게 아까워서 내지 않다가 병원에 갈 일이 생기면 낭패를 당하는 케이스가 종종 발생한다. 병원에서의 언어 문제도 지금은 웬만큼 큰 병원은 한국인 의사가 있어서 한인 의사를 주치의로 정하면 문제될 게 없다. 한인 의료 종사자들도 많아서 주변에서 찾아보면 얼마든지 해결되는 문제다.

한국으로 역이민 간 사람 중에 은퇴하고 고향이 그리워서 돌아간 사람들이야 당연히 올바른 선택이다. 아니면 한국에 더 좋은 직장이

생긴 사람도 그렇다. 그러나 앞날이 창창한 젊은 사람들과 앞으로 자녀 교육을 염두에 둔 젊은이라면 이야기가 다르다.

역이민 간 젊은 사람들은 잘 적응해 나가는가? 잘 적응해 나간다고만 볼 수 없다. 우리 속담에 "안에서 새는 바가지 밖에서도 샌다"는 말이 있듯이 이민 가서 적응 못한 사람은 한국에 와서도 적응이 어렵고 이민 가서 적응 잘하는 사람은 한국에 돌아와서도 잘 산다.

오랫동안 외국 생활을 해온 재외동포 역이민자들은 대부분 생활방식과 사고방식, 그리고 외국에서 본인이 진행하던 사업의 연속성 등이 불가하여 제대로 적응하지 못하고 한국에서도 이방인으로 살아가고 있다.

누구나 행복하게 살기를 바랄 것이다. 그렇다면 한국 역이민보다는 미국에 남는 것이 더 좋다고 생각한다. 그 이유로 한국은 개인보다 국가를 우선하는 사회이다. 개인의 행복 개인의 자유보다는 국가의 행복, 국가의 자유를 더 상위개념에 두고 일사분란하게 움직이는 거대한 군사조직과 같다. 또 그래야만 약소국으로서 살아남을 수 있는 것도 사실이다.

당연히 개인의 행복은 뒷전으로 소홀해지기 쉽다. 좁은 땅에 인구는 많으니 경쟁이 심한 것은 당연하다. 피자 한 판에 여러 명이 먹겠다고 덤비면 싸움이 벌어지는 것과 같다. OECD 국가 중에 자살률 1위를 고수하게 된 이유도 경쟁이 심해서 벌어지는 일이다.

한국 정세가 불안하면 이민을 원하는 사람이 늘어난다. 외교부에 따르면 해외 이주 신고자 수는 평균 연 3~5백 명이던 것이 2018년에는 2,200명으로 급증했다. 국내 거주자가 해외 부동산을 사들이는 데 지출한 금액도 급증하고 있다.

국내에서 흘러나간 해외 부동산 매입 자금은 2016년 3억 800만 달러에서 2018년 6억 2,500만 달러로 치솟았다. 전쟁 위험 때문이다. 중국이 경제적으로 성장할수록 미국과의 패권경쟁은 치열해질 수밖에 없다. 그 갈등의 전선이 한반도에 머물고 있는 것도 사실이다.

갈수록 악화되는 공기질도 문제이다. 물도 아니고 흙도 아닌 공기야말로 어떻게 할 수 없는 것 아닌가. 이런저런 문제를 생각해보면 특히 자녀들을 생각할 때 과연 역이민을 선택하는 것이 올바른 선택인지 다시 생각해볼 일이다.

80 미국이 적성에 맞는 사람, 한국이 적성에 맞는 사람

아내는 미국이 적성에 맞는 사람이다. 미국이라면 무엇이든지 좋고, 미국 물건이라면 다 좋아한다. 어려서 미국 초콜릿을 쌌던 종이에서 나는 초콜릿 냄새가 좋아서 책갈피에 끼워놓고 두고두고 냄새라도 맡았다. 미국 팝송이 좋아서 늘 팝송만 들었다. 학교에 다닐 때도 영어만 좋아했다. 아내는 미국이 적성에 맞는 사람이다.

미국이라면 사족을 못 쓰고 미국이라면 다 좋아한다. 책이나 잡지를 봐도 영어책이나 영어잡지를 들춘다. 영어 신문에 난 기사는 믿으면서 한국 신문에 난 기사는 반은 믿고 반은 안 믿는다. TV 뉴스도 미국 뉴스를 선호한다. 미국 채널만 틀어놓고 미국 뉴스만 보고 오락, 다큐멘터리 프로그램도 미국물만 본다. 그렇다고 미국인이 지니고 있는 깊숙한 정서까지는 못 미친다. 당연히 서툴고 익숙하지 못하다. 하지만 한국보다 미국을 편하게 여기면서 산다.

어쩌다가 내가 TV를 보려면 나는 한국 방송 채널로 돌려야만 한다. 어찌 된 영문인지 한국 방송에서는 보약 광고가 많다. 보약 광고를 늘어터지게 길게도 하지만 과장되고 믿을 게 못 된다. 그러지 않아도 한국에 관해서 부정적인 아내에게는 불신만 더 키운다.

아내가 영어를 유창하게 해서 미국이 적성에 맞는 사람이라는 것은 아니다. 누구나 생활영어를 익히면 소통에는 문제가 되지 않는다. 영어 소통보다 더 중요한 것은 그 나라의 문화, 역사, 정치, 경제, 예술, 관습 등 여러 가지 그들이 지니고 있는 배경과 관심사를 알고 있는 것이다. 그래야 그들과 함께 사회 참여와 시대적 동참도 하게 되는 것이다. 아내는 이런 면에서 열심이고 적극적이어서 미국인들의 사고와 흡사하므로 미국이 적성에 맞는 사람이라고 하는 것이다.

아내는 에어로빅 클래스를 매일 빠지지 않고 다닌다. 스페인어를 배우러 스페니쉬 클래스에도 다닌다. 스페니쉬를 잘하기 위해서라기보다는 외국어 배우는 게 취미다. 외국인 친구는 있어도 한국인 친구는 없다. 옆집 중국인 의사네 가족관계가 어떤지, 어떻게 사는지 아내가 다니면서 알아온다. 반대편 옆집 펠슨네가 이혼을 했는지 하는 것도 아내가 알아낸다.

미국인과 결혼한 한국인은 어쩔 수 없이 미국 문화에 맞춰가면서 산다. 한국인은 타민족에 대해서 배타적이어서 한인 교회에 외국인이 출석하면 은근히 따돌림을 받는다. 남편이 미국인이든 아내가 미국인이든 국제결혼한 한국인이 한인 교회에 나가면 어울리기가 쉽지 않다.

아내는 남편이 한국인임에도 불구하고 한국인과 어울리는 데 미숙하다. 미국에서 한국인을 슬슬 피하다 보면 자연스럽게 미국 문화에 동화해 가면서 미국 문화에 맞춰가게 된다.

내가 그랬다. 나는 미국이 좋았다. 그래서 미국에 와서 사는 모양이다. 그렇다고 내가 미국이 적성에 맞는 사람이라고까지는 생각하지 않는다. 미국이 좋으면서도 한국도 좋기 때문이다.

그와는 반대로 미국을 싫어하는 사람도 있다. 한국만 좋아한다. 미국에서 살면서 한국에 가고 싶어서 안달이 났다. 한국 생각에 잠도 못 자고 병이 날 지경이다. 가족이 모두 미국에 있어서 어쩔 수 없이 미국에서 살고는 있지만, 마음은 항상 한국에 가 있다. 정이 많은 사람이라 정 떼기가 힘들어서 그렇다.

내 처남은 한국이 적성에 맞는 사람이다. 미국에서 20년이나 살았으면서 미국은 통 마음에 안 들어 한다. 미국에서 사는 한 인생 살아가는 맛이 한 푼도 없단다. 젊어서 일할 때는 먹고 살아야 하니까 그런대로 일이나 열심히 했지만 이제 은퇴하고 난 지금 할 일 없이 놀고 있자니 한국이 더욱 그립다. 한국에 나가 살겠다고 해도 처남댁은 꿈쩍도 하지 않는다.

나도 그랬다. 내가 처음 미국에 왔을 때는 한국 사람 구경하기도 어려웠다. 한국 사람이 어딘가에 살고 있다는 이야기만 들어도 찾아가서 반갑게 인사하고 한국말을 실컷 쏟아놓는 것만으로도 스트레스가 풀렸다. 그때는 오로지 편지만이 통신 수단이었다. 한국이 너무 그리워서 매일 친구에게 편지 쓰는 게 일과 중의 하나였다. 열 통은 보내야 겨우 한 통 답신을 받는 것이었지만, 그 한 통의 답신으로 한국의 정을 흠뻑 맛보며 살았다.

향수병을 앓아도 된통 심하게 앓았다. 향수병은 앓는 사람만 앓지 아무나 다 앓는 것은 아니다. 나는 한국이 적성에 맞는 사람도 아니면서 독한 향수병에 걸려 있었다.

참다못해 결국 일 년 만에 한국에 나갔다. 한국에서 4개월 묵으면서 친구들과 놀다가 다시 미국으로 돌아왔다. 그 다음부터는 그런대로 향수병이 치유되어 갔다. 차츰차츰 미국 생활에 물들어갔고 결혼하자마자 아기를 낳았으므로 바쁘게 살다 보니 정이 한국에서 미국으로 옮겨갔다. 그래도 문득문득 한국이 그립고 가고 싶어 죽을 것만 같을 때도 많았다. 이제 다 살고 난 지금 마음만 먹으면 언제든지 한국에 나갈 수 있어 그리움은 많이 사라졌다. 사라졌다 해도 미국에서 살다 보면 한국이 그립고 한국에 나가 살아보면 미국이 그립다.

처남도 나처럼 향수병에 걸려 있다. 향수병은 약도 없다. 한국에 나가 살아봐야 치유되는 병이다. 처음에는 졸혼해서라도 한국에 나가 살겠다고 했다. 그렇게 합의를 보는가 하더니 처남댁이 언니네 집에 가서 하룻밤 자고 오더니 마음이 바뀌었다. 이혼하면 했지 졸혼은 안 하겠다고 했다. 처남은 이혼도 좋으니 한국에 나가 살게만 해달라고 했다.

결국 몸만 빠져나와 한국으로 가기로 했다. 비행기 표도 다 사놓고 며칠만 지나면 가기로 되어 있었다. 그러나 일이라는 게 그렇게

호락호락 되는 일이 어디 있더냐. 덜컥 엄지발가락 자르는 수술을 받았다. 당뇨가 심해서 그렇단다. 그리고 얼마 지나지 않아 염증이 낫지 않는다면서 발가락을 모두 절단해야만 했다. 한 달인지, 두 달인지, 아니면 6개월인지, 어쩌면 일 년이 넘을지도 모르는 막연한 기다림의 구렁텅이로 빠져들고 말았다.

얼마 전에 서울에서 인천공항 가는 택시를 탔는데 운전기사가 묻는다.
"외국에 나가시는 모양인데 어디 가세요?"
"샌프란시스코에 갑니다."
"나도 산호세에서 살았었어요. 한 십오 년 산호세에서 살았는데 때려치우고 한국으로 왔어요(샌프란시스코와 산호세는 가까운 거리다)."
"한국으로 역이민 왔다는 건가요?"
"아니지요, 가족은 미국에 있고 나 혼자 한국에 나와 삽니다."
"미국에선 뭘 했는데요?"
"목수로 일했어요. 만날 밥 먹고 일만 했지 사람 사는 맛이 없더라고요. 때려치우고 한국에 나왔더니 말 잘 통하지, TV 보면 머리에 쏙쏙 들어오지, 혼자 살아도 재미있어요."

이혼하고 혼자 한국에 나와 택시 운전하면서 방 하나 얻어 살고 있단다. 처남에게 택시기사 이야기를 해주었다. 듣고 있던 처남이 공감이 가는지 웃으면서 바로 그거란다. 사람 사는 것처럼 살고 싶단다. 정말 바로 그건지 아니면 가족과 같이 사는 게 옳은지 명확히 알 수는 없으나 입맛이 다 다르듯이 인생관도 다 다르니까. 미국이 적성에 맞는 사람, 한국이 적성에 맞는 사람이 분명히 따로 존재하는 것은 사실이다.

그런가 하면 교포로 사는 게 적성에 맞는 사람도 있다. 한국인들이 미국에 와서 살면서도 한국이 그리워서 한국말 할 수 있는 사회를 찾는 것은 당연하다. 외로움을 달래기 위해서 한국인들을 만난다. 한국인들을 만나기 위해서는 한국인들이 모이는 종교단체가 제격이다. 교포들은 신앙이 돈독해서라기보다는 한국인을 만나 외로움을 달래기 위해서 교회에 나가는 예가 많다. 그러다 보면 종교에 심취하기도 한다.

미국에서 살지만, 한국인들과 어울리면 외롭지도 않고 생활 정보라든가 즐거움을 공유할 수 있다. 교포사회를 떠나지 못하고 어울려야만 하는 직종도 있다. 한국인 손님을 상대로 하는 이발사, 미장원, 한국 식품점, 한국 여행사, 한국인을 상대로 하는 의료업종 종사자 등 이루 말할 수 없이 많다.

이들은 미국에서 살고는 있지만 영어가 필요 없다. 원하든 원하지 않든 교포사회에 적합하게 맞춰가면서 산다. 교포로 사는 게 적성에 맞는 사람은 한국을 그다지 그리워하지 않는다. 교포사회는 미국의 작은 한국사회이니까. 그럭저럭 한국을 잊고 교포들과 어울려 사는 사람도 많다. 교포로 사는 게 적성에 맞는 사람이다.

오래 살다 보면 자연스럽게 알게 되는 사실이지만, 공부 잘하는 사람이 있는가 하면 사업 잘하는 사람도 있고 집에서 살림 잘하는 사람도 있기 마련이다. 무엇이든 잘하는 것이 그 사람의 탤런트이고 그쪽으로 나서면 매사 잘 풀린다. 속담에 "원앙이 녹수(綠水)를 만났다"라는 말이 있듯이 자기 취향에 딱 들어맞으면 그보다도 좋은 생활터전은 없을 것이다.

미국이든 한국이든 교포사회든 다 자기 적성에 맞아서 선택하게 되는 거다. 나는 한국도 좋고 미국도 좋고 교포사회도 좋다. 한식도 입에 맞고 양식도 맛있으니 행복이 두 곱이란 생각이 든다.

저자 해설
이 글은 '미국이 적성에 맞는 사람, 한국이 적성에 맞는 사람'이라는 제목으로 에세이집을 출판했을 때 이미 발표한 글이다. 이번 주제에 알맞기에 삽입했다.

미국 최초의 한국인 이름으로 명명된 6차선 대교

추수감사절이라는 큰 명절에 배를 굶주리는 사람이 있어서는 안 된다. 알래스카주 앵커리지의 한 주유소의 한국인 주인은 추수감사절에 배고픈 사람에게 칠면조 점심을 나눠주었다.

백인숙(71) 씨는 고픈 배를 움켜쥐고 잠자리에 드는 것이 어떤 것인지 잘 안다. 그녀는 한국전쟁 때 한국에서 자랐고, 그녀의 가족은 항상 먹을 게 없었다. 하지만 지금은 상황이 달라졌다. 먹을 게 넘쳐나는 세상이다. 백 씨는 알래스카주 앵커리지 마운틴뷰 인근 쉘 주유소의 붐비는 편의점에서 수백 접시가 넘는 무료 급식을 한다.

10년 동안 백씨는 추수감사절마다 가게에서 칠면조 음식을 제공하고 있다. 그녀는 이웃에 관심이 많다고 했다. 돌려주고 싶고, 사람들에게 "하느님으로부터 많은 축복을 받았으니, 이제는 나눠주어야 한다"고 말했다.

그녀는 앵커리지 지역사회와 사랑에 빠졌다. 캘리포니아에서 온 백 씨의 아들 피터가 이곳 사람들이 얼마나 좋은 사람들인지 설명했다.

"이곳 사람들은 서로에게 마지막 달러를 줄 수 있는 몇 안 되는 인심 좋은 곳 중 하나이다. 내 생각에는 인심 좋은 동네 분위기가 내 어머니의 심금을 울린 것 같다."

추수감사절이면 수십 명이 넘는 사람들이 편의점 진열대 사이로 구불구불 줄을 서 있다. 백 씨와 그녀의 아들을 포함한 자원봉사자들은 햄, 칠면조, 으깬 감자, 그레이비, 옥수수, 속을 채운 호박파이 등을 투고 용기에 가득 채우기를 반복한다.

추수감사절 오후에 적어도 600명이 넘는 사람들을 대접할 것으로 예상했다. 작년에는 약 620개의 식사를 제공했다고 말했다. 따뜻한 식사와 함께 줄 서 있는 사람들은 각각 탄산음료 한 캔과 바나나 한 개를 받았다. 대부분 노숙자나 독거노인들이지만 만약 그들이 두 박스 이상의 음식을 요구한다면, 백 씨는 기꺼이 그들의 주문을 들어주었다.

백 씨는 앵커리지에서 40여 년간 살았다. 마운틴뷰 주유소를 10년 정도 소유하고 있다고 말했다. 그녀는 미드타운에 또 다른 쉘 주유소를 소유하고 있다. 그녀는 추수감사절 식사를 준비하기 위해 칠면조를 위시해서 음식 재료로 가득 찬 차를 몰고 집으로 오면서 "감사합니다, 행복합니다"라고 되뇌이며 눈물을 흘렸다. 나는 어렸을 때 항상 배가 고팠는데 지금은 봉사할 수 있으니 정말 행복하다고 말했다.

이런 미담은 지역 언론인 앵커리지 데일리 뉴스 등에도 여러 차례

보도된 바 있다. 백 씨는 당시 인터뷰에서 "몇 년 전 한 남자가 '나는 일자리도 차도 집도 없이 이곳에 왔었다. 그때 배고픈 내게 당신이 음식을 줬다'며 지금은 직업을 갖고 살 곳도 있다고 하더라"는 일화를 전하며 뿌듯해하기도 했다

미국에서 처음으로 한국인의 이름을 딴 다리가 생긴다. 그 주인공은 40여 년간 앵커리지에서 거주하는 백인숙(71) 씨다. 이 다리에 백 씨 이름이 붙여진 이유는 지역 내에서 이미 유명한 그녀의 선행 때문이다.

부산 출신의 백 씨는 1980년 미국 뉴욕으로 건너간 뒤 이듬해 앵커리지로 이주했다. 지금까지 한 곳에 머물며 주유소를 운영 중인 그녀는 지난 10년 동안 추수감사절을 기념해 어려운 이웃에게 무료로 음식을 제공해왔다.

백 씨 이름이 담긴 '인숙 백 브릿지(Insook Baik Bridge)'는 알래스카주 앵커리지시 글렌 하이웨이에 있다. 전장 235m의 6차선 다리로 2008년 만들어졌지만, 지금까지 이름이 없었다. 이번 명명은 올해 초 계란 타르주 하원의원의 법안 발의로 시작됐다. 시는 내달 간판 부착 후 명명식을 진행할 예정이다.

백 씨는 처음 다리에 자신의 이름이 붙는다는 말을 들었을 때 "나는 별로 한 일이 없다"며 거절했다고 한다. 그러나 시 관계자들과 아들의 설득에 결국 허락했다. 그녀는 "아들이 한국인 위상을 높이는

일이니 그렇게 하시라고 해서 받아들였다"며 "우리 시에서 아주 중요한 다리에 제 이름이 붙어 기분이 좋다"는 소감을 전했다.

  오스틴 텍사스에는 이름하여 '삼성 고속도로(Samsung Highway)'가 있고 앵커리지 알래스카에는 '인숙 백 브릿지(Insook Baik Bridge)'가 있다.

82 600개 가맹점의 주인 찰리 신

　12년 전 한창 바쁘게 일할 때다. 저녁에 집으로 돌아가다가 배가 출출해서 간단하게 요기나 할 생각으로 사우스랜드 몰 쇼핑센터에 들렀다. 음식 코너로 가서 무엇을 먹을까 망설이다가 처음 대하는 프랜차이즈 음식이 눈에 띄었다. 멕시칸들이 서서 일하고 있었는데 '필리 치즈 스테이크' 샌드위치를 주문했다. 먹어보니 맛이 훌륭하다. 내 입맛에 딱 맞는 게 아닌가. 신기하고 야릇했다.
　다음날 아내와 함께 갔다. '필리 치즈 스테이크'를 먹으면서 맛이 어떠냐고 물어보았다. 아내 역시 맛이 좋다고 했다. 프렌치 빵을 살짝 구운 데다가 불고기처럼 썬 소고기를 볶아서 넣었고 양상추, 토마토, 양파와 이탈리아 치즈를 녹여 얹었다. 맛있는 집을 알아놓았으니 종종 들리곤 했다.

　세월이 흘러 은퇴했고, 코로나 팬데믹으로 3년은 나다니지 못하는 관계로 '찰리스 필리 스테이크' 집도 잊고 살았다. 오늘 모처럼 해가 반짝 나는 바람에 속옷도 살 겸 사우스랜드 몰 쇼핑센터엘 갔다. 먼저 아래층 후드 코너에 들렀다. 그 많던 음식 체인점들이 모두 문을 닫았다. 겨우 6곳이 영업을 하고 있었는데 그중의 '찰리스 필리 스테이크'는 여전히 성업 중이었다.

옛날 맛이 생각나서 '필리 치즈 스테이크'를 주문했다. 혀에서 녹아나는 게 맛이 그만이다. 내 입맛에 딱 맞는다. '찰리스 필리 스테이크'는 어떤 프랜차이즈인가 궁금해서 찾아보았다. 프랜차이즈 주인이 한국인 찰리 신이라는 데 놀랐다.

세계적으로 유명한 포브스 잡지의 그레이스 정 기자가 2018년 잡지에 실은 기사의 일부분을 소개한다.

『신 씨(54)는 33년 전 오하이오주 콜럼버스에 설립된 샌드위치 체인인 '찰리 필리스 스테이크스'의 한국계 미국인 창업자로 현재 미국 45개 주와 세계 19개국에 걸쳐 600여 곳에 매장을 가지고 있다. 2017년에만 5억 달러가 넘는 매상을 올렸다. 대부분 프랜차이즈로 운영되는 Charleys는 미국 전역의 지역 쇼핑몰, 공항 및 군사 기지 등 주로 틈새시장을 파고든다. 아랍에미리트(UAE)는 24곳으로 2위, 사우디아라비아에 10곳이 뒤를 잇고 있다. 아시아에서는 한국과 일본에만 존재하며 각각 5곳이 있다.』

찰리 신 회장의 목표는 사업을 3천 개의 매장으로 키우는 거다. 신 씨(2018년 당시 54세)는 나이보다 훨씬 젊어 보였다. 서울에서 태어났고 13살에 어머니와 누님을 따라 미국으로 건너갔다. "나의 성공은 전적으로 어머니의 사랑과 헌신 덕분이다"라고 그는 말한다.

신 씨는 오하이오 주립 대학에서 경영학을 전공했다. 학생 시절에는 시간제로 주방에서 접시 닦기 일을 했다. 어느 날 뉴욕을 여행하다가 유명한 필라델피아의 '구운 소고기와 치즈 샌드위치'를 먹는 순간 그의 삶이 바뀌었다. '필리 치즈 스테이크'가 탄생한 것이다. 신 씨는 샌드위치를 직접 만들어 친구들에게 시식시켰다. 친구들이 정말 맛있다고 좋아하기에 자신감을 얻었다. 바삭바삭한 빵에다가 한국 요리 불고기를 얇게 썰어 볶은 다음 양파와 치즈를 가미한 특이하고도 감칠맛을 만들어냈다.

신 씨는 어머니를 설득하여 어머니의 전 재산 4만 8천 달러를 투자하게 했다. 어머니는 샌드위치에 대해서 아무것도 아는 게 없었지만, 외아들을 믿었다고 회상한다.

어머니의 전 재산도 모자라서 삼촌에게서 3천 달러를 더 끌어낸 신 씨는 1986년 막 3학년을 마치고 캠퍼스 건너편에 첫 가게를 열었다. 신선한 재료와 질 좋은 쇠고기를 이용하면 돈 없고 바쁜 대학생들을 끌어들일 수 있을 것 같은 음식이었다. 신 씨가 ESL 수업에서 만난 그의 대학 애인 메리는 다음과 같이 증언했다.

『선생님들이 우리의 꿈이 무엇인지 물어보면, 찰리는 항상 "나는 백만장자가 되고 싶다"고 말하곤 했어요. 그는 공부를 잘하지는 못했어요. 하지만 그의 책가방엔 교과서 대신 항상 비즈니스 잡지로 가득 차 있었어요.』

신 씨는 회사가 마침내 100개 가맹점에 도달한 첫 10년 동안 이익을 내지 못했다. 신 씨는 손실을 감수하고 투자의 한 형태로 봐야 한다는 것을 알고 있었다고 말한다. 그의 인내심은 성과를 거두었다. 지난 10년 동안 가맹점이 거의 두 배로 늘어났다. 신 씨는 "단기적인 성공은 어떤 미덕 없이도 달성할 수 있지만, 사업이 지속되려면 지혜, 사랑, 특히 용기가 필요하다"라고 말했다.

  "성공은 다른 사람들이 두려워하는 위험을 감수해야 한다."

  "용기를 내기는 매우 어렵다. 편한데 왜 배를 흔들어?"

  그러나 신 씨는 편안함을 깨트리는 용기가 성공의 핵심요소라고 강조했다.

제5부

한국과 미국의 서로 다른 병원 시스템

한국인들이 미국은 병원비가 비싸고 한국은 병원비가 싸다고 말한다. 그것은 미국에서 건강보험 없이 살려니 병원비가 비싸다는 말이고 한국에서는 국민건강보험에 들어 있어서 싸다는 말이다. 다시 말하면 미국에서도 건강보험에 들어 있으면 한국처럼 싸다.

83 한국과 미국 병원의 차이점

　나는 수년째 미국 병원과 한국 병원 양쪽 병원을 드나든다. 복수 국적 덕분이다. 미국 병원은 예약제도이면서 주치의 제도여서 병원에 드나드는 사람은 누구나 일반 의사(General Doctor)를 주치의로 두고 있다. 아파서 병원에 가봐야 주치의만 보고 온다.

　주치의는 자기 담당 환자들을 잘 알고 있고 환자도 주치의와 오랫동안(10~20년) 지내다 보면 친숙해서 편하게 내 몸의 상태를 털어놓을 수 있다.

　병원에 드나드는 환자 중에 거의 대다수는 간단한 약 처방이나 연고 정도 처방받는 일반적인 환자들이어서 일반 의사의 선에서 치료가 마무리되기 마련이다. 일반 의사는 전문 의사와 달리 모든 의학지식을 골고루 갖추고 있어서 환자의 진료 방향을 정해주는 역할을 한다.

　나는 미국에서 집과 가까운 카이저 병원에 수십 년을 드나들었어도 전문의(Specialist)는 딱 한 번 만나보았을 뿐이다. 5년 전에 통풍이 생겨서 주치의에게 보여주었더니 전문의에게 넘기는 바람에 한

번 만나보았다.

 전문의를 보고 나온 다음날 전문의한테서 전화가 왔는데 신장에서 요산을 거르지 못해서 일어나는 현상이라고 설명해준다, 그러면서 병원 약국에 들러 약을 받아가라는 통지와 함께 병원에서 실시하는 신장 교육을 받으라는 주문뿐이었다.

 한 번은 손바닥 피부 껍질이 벗겨지는 증세로 주치의를 찾아갔다. 약을 처방해주었는데 2주간 발랐어도 아무 효과가 없었다. 다시 주치의를 만났더니 피부과 전문의에게 스마트폰으로 영상 생중계로 보여주는 것이다. 전문의가 보고 무좀이 손에서 발병한 것이라며 약을 처방해준 일이 있다.

 이런 식으로 심각한 환자가 아닌 다음에는 전문의를 직접 대면하기는 어렵다. 전문의는 전문 의학 교육을 별도로 받았으므로 일반 의사만큼 많지 않다. 이 사례는 미국에서 카이저 병원 건강보험을 가지고 살 경우의 이야기이다.

 유학생이나 한국 교포 중에는 건강보험 없이 살다가 갑자기 병원에 가야 할 일이 생기면 당황해한다. 건강보험료가 싸지 않기 때문에 쉽게 가입하지 못하고 사는 경우가 있다. 카운티에서 운영하는 영세민을 진료하는 병원도 있어서 보험이 없다고 해서 진료를 못 받는 것은 아니다. 영세민 진료를 받게 되면 진료의 질이 떨어지는 것은 물론이려니와 당장 납입해야 하는 돈은 없으나 기록에 남아 있어서 언젠가 세금 보고 시 수입이 많으면 납입 통지서가 날아든다.

　건강보험이 없는 사람들에게 지출되는 국고를 막기 위하여 캘리포니아주는 2020년부터 건강보험에 의무적으로 가입하게 하였다. 미가입 시는 보험료보다 더 큰 벌금을 책정해 놓았다. 한국이나 미국이나 건강보험 제도는 비슷하다. 건강보험은 직장가입자와 개별가입자로 적용대상을 구분한다. 직장가입자는 사업장의 근로자 및 사용자와 공무원 그리고 그 피부양자이고 개별가입자는 직장가입자와 그 피부양자를 제외한 가입자를 말한다.

　한국 외교부 영구귀국자 신고 현황에 따르면 2018년에 한국으로 역이민한 사람은 1,600여 명에 달한다. 이들 역이민자 수를 국가별로 보면 미국이 199명으로 가장 많았으며 그 뒤를 이어 중남미(164명), 캐나다(111명), 뉴질랜드(22명), 기타(1,137명) 순이었다.

　반면 2018년 한국에서 해외로 나가는 이민자 수는 6,257명으로 이중 미국행이 50.8%로 가장 많았다. 아직도 한국에서 해외로 나가는 이민자 수가 역이민자보다 많지만, 앞으로는 양측 모두 비슷한 균형을 이룰 것이라는 전문가들의 견해다.

　그렇다면 미국에서 살다 한국으로 역이민 가는 이유는 무엇일까? 역이민을 고려하는 한인들은 한결같이 '언어소통'을 이유로 들었다. 그리고 두 번째가 의료 혜택이다.

　아이들 다 교육해 놨으니 제 앞가림은 하고 있다. 10여 년을 미국에서 살았어도 영화를 볼 때나, DMV나 마켓에 가서도 의사소통이 제대로 되지 않아 답답할 때가 한두 번이 아니다. 이제는 말이 통하는 한국에 가서 남은 삶을 살고 싶다는 게 역이민 이유이다. 더군다나 노인이 되면 고국이 그리운 게 사실이다.

나이가 들다 보면 아픈 곳이 많아지고 병원에 자주 간다. 그런데 의사하고 상담할 때 의사소통이 제대로 되지 않아 주변에 영어 잘하는 사람한테 같이 가달라고 부탁할 때도 있지만 병원 가는 걸 포기하는 때도 있다. 이런저런 이유로 가능하다면 형편이 되는 대로 준비해서 한국으로 가고 싶어 한다.

역이민하려는 또 다른 이유는 높은 의료비와 느러터진 병원 절차 때문이다. 법적 은퇴 나이 66세 미만인 사람들은 미국의 높은 의료비에 허덕이지 않을 수 없다. 2020년부터 건강보험에 가입하지 않은 사람은 벌금을 내야 하는 새로운 법이 시행되고 있다. 40세를 기준으로 싱글일 경우 카이저 보험으로 한 달에 800달러 정도다. 그러나 대부분 직장에서 보험을 들어주는 게 보통이다.

은퇴했을 경우 66세부터 사회보장연금을 받게 되는데 사회보장연금에서 건강보험을 떼고 준다. 건강보험 Plan B에 들면 월 140달러만 내면 된다. 나머지는 사회보장보험에서 커버해준다. Plan D까지 들면 약값도 커버해준다.

미국 병원의 느러터진 행정 절차를 참지 못하는 한국인들도 많다.

한국서처럼 아프다고 금방 병원으로 달려가서 전문의를 만나보는 게 아니다. 미국 병원은 예약제도다. 인터넷을 이용하던지 전화로 예약받는다. 증세에 따라서 예약 날짜와 시간이 정해진다. 어떤 때는 예약해 놓고 기다리다 보면 아픈 게 다 낫는 경우도 있다. 한국인들은 참지 못하고 응급실로 달려가기도 한다. 응급실에 가보면 많은 환자가 기다리고 있다.

미국 교포 이 씨는 허리에 통증이 심해서 병원에 예약했더니 1주일 후로 예약되었다. 하지만 허리 통증은 점점 더 심해졌다. 할 수 없이 응급실로 갔다. 응급실에서는 기다리라고 하고는 다른 환자들만 처리한다.

4시간을 기다리다가 화가 나서 접수원에게 큰 소리로 따졌더니 그제야 겨우 의사를 볼 수 있었다. 의사는 진통제나 처방해주는 정도로 끝내고 말았다. 매우 느려터진 진료 행정에 이 씨는 분통을 터트렸다.

그런가 하면 김 씨는 집 뒷마당에서 잔디에 물을 주다가 머리를 땅에 부딪치며 쓰러졌다가 일어났다. 멀쩡하지만 그래도 혹시 뇌에 손상이 가지는 않았을까 해서 응급실로 달려갔다. 접수원에게 응급실을 찾아온 사유를 설명하자 기다림 없이 곧바로 의사와 연결해주었다. 일사천리로 엑스레이 사진도 찍고 진료를 마칠 수 있었다. 이것은 응급실을 찾은 환자의 병이 얼마나 위급한가를 봐서 처리 시간을 결정해준다는 것을 알 수 있다.

내가 한국에 있을 때는 집과 가까운 일산병원에 다니는데, 병원 접수창구에서 어디가 아파서 왔는지 물어보고 전문의(Specialist)에게 보낸다. 2019년부터 한국도 예약제도를 실시하는데 주치의 제도 없이 예약해봤자 접수창구에 예약하는 것일 뿐 예약제도의 효과를 기대할 수 없다.

한국은 병원에 가면 주치의를 거치지 않고 직접 전문의를 만난다. 사람들은 전문의 만나는 게 당연한 거로 알고 있다. 많은 환자를 대하는 것이 전문의로서는 고달프겠지만 환자 입장에서는 편하고 고마운 일이다. 미국에서 전문의 한 번 보지 못하다가 한국에서 전문의를 일반 의사 보듯 대하니 한국 환자들은 호강하는 거다.

한국에서는 의료 혜택을 많이 받는다. 의료 혜택이라고 하면 의술이 더 발달했다던가, 의료비가 싸다든가 하는 직접적인 혜택이 있어야 하는데 직접적인 혜택보다는 제도의 운용 혜택을 보는 것이다. 앞서 말했듯이 전문의를 쉽게 대면할 수 있다든가 최신 의료 장비를 이용한 진료를 받을 수 있다는 점이다.

미국에서는 꼭 필요할 때만 활용하는 MRI, 위내시경 같은 진료를 한국에서는 환자의 요청에 따라 쉽게 받을 수 있다. 나는 미국에서 50년 넘게 살았어도 위내시경은 한 번도 받아보지 못했다. 위염으로 여러 번 주치의를 만나보았고 위내시경 진료를 요청했음에도 불구하고 번번이 거절당했다.

거절 이유로는 미국에는 위암이 1% 미만이라는 점과 오히려 위내시경을 보다가 의료사고가 날 것을 염려해서라고 한다. 하지만 대장내시경은 5년마다 한 번씩 검사한다.

한국 병원에서 위험성이 따르는 검사를 환자의 요청에 따라 실시하는 이유는 비싼 검사가 병원 수입과 연계되어 있기 때문으로 해석된다.

나는 할 수 없이 한국에서 위내시경을 보고 있다. 미국에도 한국 의사들이 모여서 차린 병원이 있는데 그곳에서는 한국식으로 MRI, 위내시경 진료도 쉽게 받을 수 있다는 말을 듣기는 했다.

지금은 미국 병원도 발전해서 한국인 1.5세 의사들이 근무하는 곳도 많다. 웬만한 병원에는 한국어 하는 의사들도 많고 통역사도 있다. 진짜 문제는 언어소통이나 의료비가 아니라 미국과 한국의 의료제도가 다르기 때문에 답답함을 느끼는 것이다. 한국에 가면 전문의를 간호사 만나듯 쉽게 만날 수 있어서 속 시원한 답을 즉석에서 들을 수 있지만, 미국에서는 그렇지 않다.

미국 병원은 예약제도라고 앞서 말했다. 예약제도이면서 오래 기다려야 한다. 기다리다가 보면 병이 저절로 낫는 수가 있다. 이런 경우 따지고 보면 병원에 갈 필요가 없었던 케이스다.

예약제도는 병원을 남용하지 못하게 하는 시스템이기도 하다. 자기 몸 상태는 의사보다 본인이 더 잘 안다. 과학적으로 증명된 병이 아닌 다음에는 의사가 진단했다고 해서 무조건 따라할 일도 아니다. 시간을 두고 본인이 심사숙고해서 치료 여부를 결정할 일이다. 오랜 세월 살아가면서 알게 된 사실인데, 정답은 늘 합당한 시간이 흐른 다음에 알게 된다.

미국 카이저 병원에서 환자들에게 감기 독감에 대해 유의할 점을 인쇄해서 배포하는데 읽어보면 감기 독감 정도로 병원에 들락거리지 말아 달라는 것처럼 들린다.

지금 당장 전화를 걸고 병원으로 달려가야 하는 증세
① 발진, 목이 뻣뻣하고 두통이 올 때
② 3일 이상 화씨 100.4도(섭씨 37.7도) 이상의 열이 지속될 때
③ 의문과 걱정이 돼서 심적 고통이 심할 때

다음은 자가 증세를 파악하고 스스로 대처하는 게 좋다는 안내문이다.

감기나 독감의 일반적인 증상
감기나 독감에 걸리면 일주일 안에 기분이 좋아질 수 있지만, 증상은 최대 3주까지 지속될 수 있다.

감기나 독감에서 회복하는 동안 반드시 지켜야 할 사항
① 충분한 휴식을 취하라.
② 물을 충분히 마셔라.

③ 열이 사라질 때까지 집에서 머물러라.

④ 처방전 없이 약을 복용할 경우 제품에 나열된 복용량 지침을 따르라.

⑤ 금연하거나 담배를 끊으려고 노력하라. 담배를 피우면 회복하는 데 더 오래 걸릴 수 있다.

⑥ 감기나 독감이 퍼지는 것을 방지하기 위해 다른 사람들과 접촉을 제한하라.

⑦ 비누로 손을 자주 씻어라.

⑧ 기침이나 재채기할 때는 팔꿈치나 손수건에다 하라.

몸에 열이 나고 몸살 끼가 있는 증상

열은 감염에 대한 신체의 정상적인 반응이다. 열은 100.4°F 이상의 온도이며 보통 3~4일 이내에 사라진다.

① 방을 시원하게 하고 가볍게 입고 지내라.

② 열이 사라질 때까지 여행하거나 직장, 학교, 사교 행사 등에 참석하지 마라.

③ 일반적으로 복용하는 약은 제품 설명대로 복용해보라.

감기나 독감으로 인하여 콧물이 나거나 답답한 코는 2주 이상 지속될 수 있다. 감기나 독감에 걸리면 노랑 콧물 또는 녹색 점액과 통증은 흔한 경우이지만, 그렇다고 항생제가 필요한 것은 아니다. 감기나 독감에 걸리면 기침이 흔하다. 기침은 2주 이상 지속될 수 있다. 기침은 밤에 더 심해질 수 있다.

목이 따끔거리고 아픈 것은 감기나 독감의 첫 증상이 될 때가 많다. 삼킬 때 가벼운 통증에서 적당한 통증을 느낄 수 있으며, 목구멍은 보통 3~4일 이내에 개선된다. 감기 또는 독감으로 인한 구토는 어린이에게 더 흔하지만, 성인에게도 발생할 수 있다. 수분을 충분히 섭취해서 탈수를 예방해야 한다.

바이러스는 때때로 설사를 일으키기도 한다. 몸이 아프고 때로는 경련을 동반하는 것은 정상이다. 설사는 보통 며칠 안에 사라진다. 탈수를 막기 위해 충분한 수분 섭취를 권한다.

사실 이 정도는 선진국에서 일반적인 상식에 속하기 때문에 집에서 스스로 행하는 일들이다. 한국 교포들은 감기, 몸살로 죽겠어서 병원에 가야 하는데 병자 취급을 안 해주는 것이 불만이다.

84 한국과 미국 병원 진료실의 다른 풍경

미국에서 병원에 드나들다가 한국에서 병원에 가면 모든 게 오밀조밀하다. 건물 크기서부터 안에 들어서면 한국 병원의 로비는 작게 설계되어 있다. 언뜻 보기에 그게 그런 것 같지만 자세히 보면 규모가 작게 설계된 것을 알 수 있다. 마치 영화 촬영 세트장에 가면 건물과 거리 그리고 소품들이 실제 크기보다 작게 지어져 있는 것처럼.

한국과 미국의 진료 시스템 중에서 가장 두드러지게 다른 점은 진료실 풍경이다. 한국에서는 환자가 의사 방에 들어가서 진료받는다. 의사는 온종일 자기 방 자기 책상 앞에 앉아 있고 환자들이 들락거린다. 적어도 한 시간에 4~5명 내지는 더 많은 환자를 진료한다.

의사 방에는 책상 위에 컴퓨터가 있고 주변에 의사가 필요로 하는 집기라든가 시설들이 있다. 진료 시간에 의사가 무엇이든 주문하면 곧 도와줄 준비가 되어 있는 간호사도 내기 중이다. 의사는 컴퓨터에서 환자의 차트를 읽어보면서 환자에게 문진부터 한다.

진료라는 게 지극히 숨겨진 개인 정보다. 환자만이 알고 있는 문제, 고민거리인데 의사 방에 들어가서 간호사도 있는 데서 말하기는 좀 그렇다. 때로는 은밀하게 의사와 의론해야 할 이야기도 있고, 때로는 의사에게만 보여줘야 하는 부위도 있기 마련이다. 의사도 그렇지, 환자의 옷을 벗겨보기도 해야 하고 만져보기도 해야 한다.

병원은 각종 환자 때문에 병균이 들끓는 공간이다. 의사 방이라는 곳은 많은 환자가 드나들어서 전염병에 노출된 공간이다. 환자도 그렇고 의사도 서로 만졌으면 손을 씻어야 할 텐데 세면대가 없다. 불편하게 새 비닐장갑을 끼고 환자를 만지는 시스템이다.

또 다른 문제는 의사 방에서는 의사가 주인이다. 심리적으로 의사는 주인이고 환자는 나그네에 불과하다. 주인과 나그네가 대화하면 주인이 대화를 이끌어가고 나그네는 듣는 입장이 된다. 진정한 진료는 대등한 입장에서 환자가 말을 많이 하고 의사는 주로 듣는 입장이어야 할 텐데…….

미국 병원에서는 환자가 의사 방에 들어가지 않는다. 진료 방이 4~5개 정도가 있고 환자는 간호사가 수동 혈압계로 혈압을 잰 다음 안내해주는 진료 방에서 겉옷을 벗어서 옷걸이에 걸어놓고 의사가 들어오기를 기다린다.

진료 방에는 누웠다가 앉았다가 할 수 있는 진료 의자가 있고, 컴퓨터 모니터, 수동 혈압계가 있다. 손 씻을 수 있는 세면대도 있다. 간호사는 없다.

청진기를 목에 두른 의사가 노크하고 들어오면 마주 앉아서 문제

점을 말한다. 주인과 나그네의 입장이 아니라 제삼의 장소에서 단둘이 이야기를 나누니까 심리적으로 위축될 게 없다. 옆에서 지켜보는 간호사도 없어서 나의 고충을 마음 놓고 털어놓을 수 있다.

의사는 문진만 하는 게 아니라 옷을 벗겨놓고 아프다는 부위를 만져보고 청진기를 들이대보기도 한다. 청진기를 대보고 등을 두드려도 보고 때로는 수동 혈압계로 혈압을 재기도 한다.

왜 다른가?

한국은 환자가 직접 전문의를 만나게 되어 있고 미국은 전문의는 못 보고 담당 주치의를 보는 시스템이다. 한국은 환자가 전문의를 찾아다니는 시스템이고 미국은 개개인이 주치의를 두는 식이다.

한국식이나 미국식 어느 진료 방식이 낫다고 말하고 싶지는 않다. 미국에서 전문의는 귀하다. 전문의는 일반의보다 공부를 더 많이 해서 전문의(Specialist)가 돼야 한다.

미국은 주치의가 판단해서 이 환자는 전문의에게 보낼 것인지 아니면 그냥 일반 치료로도 해결할 수 있는지 결정한다. 보통 병원에 오는 환자는 감기나 복통 같은 일반 환자가 대부분이다. 이런 일반 환자를 진료하고 치료하는 게 주치의다. 전문의에게 보내시는 환자는 별로 많지 않다.

한국은 주치의가 없이 환자가 직접 전문의를 만나는 시스템이다. 주치의가 없으면 어떻게 일이 진행되는지 나의 경험을 공유하겠다.

의료 분야에 대해서 잘 모르는 일반인들은 병원에 갔지만 어느 과로 가야 할지 모른다. 그런대로 규모가 큰 일산병원 접수처에서 어디가 아파서 왔느냐고 묻기에 혈압이 높아서 왔다고 했더니 심장전문의에게 보냈다. 접수할 때마다 적으나마 진료비를 내야 한다.

심장 내과 의사는 초음파 심전도 검사부터 하라고 다음날로 예약을 넘겼다. 아침에 첫 환자로 병원에 갔다. 심전도실은 매우 협소했다. 작은 방에 넓은 테이블 2개가 있고 세 사람이 좁은 방에서 근무하는 모양이다. 테이블마다 컴퓨터가 켜져 있다.

나더러 의자에 앉으라고 가리키는 의자가 냉장고와 테이블 사이에 끼어 있는 좁은 공간에 박혀 있는 의자다. 환자가 앉을 만한 의자가 아니었다. 다시 물어보았으나 그 의자가 맞단다.

억지고 구석진 자리에 끼거 앉았다. 웃옷을 벗으란다. 자리가 좁아서 앉은 자세로는 웃옷을 벗을 수 없었다. 더군다나 겨울이라서 두꺼운 점퍼를 입었으니, 몸이 뒤룩뒤룩했다. 미안하지만 일어서서 두어 발작 앞으로 나가 공간을 확보하고 옷을 벗겠다고 했다. 겉옷을 벗어서 빈 의자에 걸쳐놓고 다시 구석진 자리에 앉았다. 이번에는 티셔츠를 올리란다. 구석진 자리에 앉아서는 자리가 협소해서 셔츠를 올릴 수 없었다.

미안하지만 다시 일어서서 두어 발작 앞으로 나가 혁대부터 풀고 티셔츠를 끌어 올렸다. 공간이 너무 좁다는 생각이 수없이 들었다. 예전에 다른 병원에서 심전도 검사를 받아보았지만, 진료 침대에 누위 있으면 여러 개의 전선을 몸에 부착하고 기계를 작동하면 그래프가 그려 나오게 되어 있다.

그러나 이 병원에서는 달랐다. 심전도 검사실에 진료 침대는 없고 구석진 의자에 앉혀놓고 조그마한 심전도 기록기를 가슴에 부착시켜 주었다. 가슴에 휴대폰만 한 크기의 플라스틱 박스를 매달고 산다는 게 불편하고 어색했다. 내일 오전 9시에 다시 오라는 말만 듣고 나왔다.

지내놓고 난 다음에서야 알게 된 건데 심전도기를 가슴에 부착하고 하루를 지내면 진찰 침대에 누워서 심전도 검사를 받는 것보다 가격이 10곱 비싸다는 사실이다.

다음날 심장전문의와 마주 앉았다. 같이 대화를 나눈 시간은 줄잡아서 5분 미만이다. 아무 이상 없다는 말만 들었다. 그 후에 신장전문의에게 넘겨졌다. 신장전문의가 혈압약을 처방해주는 거다. 신장전문의에게 가기까지 적으나마 경비가 들었다.

2022. 12. 01. - 본인 부담 11,280원 - 공단 부담 11,280원

2022. 12. 02. - 본인 부담 11,200원 - 공단 부담 11,360원

2022. 12. 02. - 본인 부담 28,060원 - 공단 부담 28,059원

2022. 12. 02. - 본인 부담 105,688원 - 공단 부담 105,587원

2022. 12. 19. - 본인 부담 9,030원 - 공단 부담 9,030원

신장내과 전문의 역시 환자를 이리저리 돌렸다. 혈압약 얻는 데 2주간에 의사를 4번 만났으니까. 당연히 5분 남짓 의사와 면담할 때마다 경비는 어김없이 부과되었다.

한국식 진료방식을 내 나름대로 유추해보면 장단점은 이렇다. 장점으로 의사 방 하나로 환자를 진료하면 공간 하나만 있으면 되고 짧은 시간에 많은 환자를 접할 수 있다. 경제적이다. 단점은 환자에게 심리적 부담을 주고 사적 보장이 되지 않는다. 전염병 감염에 노출되어 있다. 꼼짝 못하고 온종일 자리를 지켜야 하는 의사는 고강도 노동에 시달린다.

될 수 있는 한 환자를 여러 번 병원에 오게 하는 이유는 병원 수입과 관계되어 있기 때문이다. 의사에게 고강도 노동을 요구하는 것도 병원 수입을 위해서다.

15년 전에 한 번, 3년 전에 한 번, 미국에서도 혈압약 처방을 받은 경험이 2번 있는데 너무나 간단했다. 주치의를 만나 혈압이 높다고 했더니 직접 혈압을 재보고 즉석에서 혈압약을 처방해주었다. 2~3주 후에 다시 보자고 해서 약의 효능을 검사하고 그것으로 그만이다. 병원 경비는 한 푼도 내지 않았다.

그렇다고 미국 병원이 더 낫다는 말은 아니다. 미국식 진료에도 장단점이 있다. 장점으로 주치의가 있어서 진료 방을 여러 개 두면 사적인 정보가 보장되고 좀 더 세밀한 진단을 받을 수 있다. 전염병 예방에 도움이 된다. 개인 치료를 받기도 한다.

예를 들면 독감 예방 주사 기간이 지났지만, 의사에게 말하면 간호사를 통해서 즉석에서 독감 예방 주사를 놓아주기도 한다. 단점은 진료 방이 은밀하다 보니 성희롱에 노출되기 쉽다.

85 한국과 미국에서 병원 진료와 진료비 차이점

병원비가 미국은 비싸고 한국은 싸다? 잘못된 견해이다. 한국에서는 병원에 가는 일, 의사를 만나는 일, 진료받는 일에 대해서 크게 걱정하지 않는다. 조금만 아파도 언제든지 병원으로 달려간다. 큰돈 들이지 않고도 병원을 드나든다.

미국은 그렇지 않다. 아프다고 당장 병원에 갈 수 없는 구조다. 예약해야 하는데 그 예약이라고 하는 게 한국인이 기다리기에는 조금 답답할 정도로 느릿느릿하다. 보통 예약하면 2주 정도의 날짜를 잡아준다. 웬만큼 아픈 경우에 2주 정도 기다리다 보면 다 낫기 마련이다. (일반 환자일 경우에 그렇다는 이야기이지 응급환자는 예외다)

미국 병원은 예약제도여서 예약하지 않고는 의사를 볼 수 없다. 급한 비상시가 아닌 다음에야, 간단하게 배나 머리가 아파서 전화 걸면 병원에 오라는 말보다는 전문간호사(Nurse Practitioner)에게 연결해주면 주었지, 의사가 나오지는 않는다. 전문간호사도 의사 교육을 받았기 때문에 환자의 기록을 훑어보고 약도 처방해준다.

전문간호사가 아픈 정도를 들어보고 의사가 보아야 할 환자인지 아니면 자신이 약 처방으로도 되는 건지, 또는 환자가 자가 치료가 가능한지를 판단하고 안내해준다.

한국에서는 병원에 가면 우선 말이 시원시원하게 통해서 좋다. 한국 병원도 최근에는 예약을 기본으로 하므로 미국 병원처럼 예약해야 한다. 예약하기도 쉽지만, 예약 날짜도 단시일로 정해준다. 한국 병원에서의 예약이라고 하는 게 접수처 예약이지 의사 면담 시간을 예약하는 게 아니다. 접수처에서 어디가 아파서 왔느냐고 묻고 전문의실로 보낸다. 전문의실에서 기다리는 것이어서 실제로 예약했어도 기다리는 시간이 길다. 친절하기로는 10점 만점에 한국이 10이면 미국은 5쯤 될 것이다.

미국 병원에서는 의사가 미리 예진해서 치료하지 않는다. 병이 발병하면 그때야 치료에 들어간다. 그러다 보니 시기를 놓치는 경우가 발생할 수 있고, 호미로 막을 것을 가래로 막는 경우도 발생한다. 환자에게 시기를 놓쳤다는 것은 위험할 수도 있는 거다. 대신 불필요한 치료를 피한다는 것과 오진율이 낮고, 의료사고가 적다는 장점이 있다.

병원과 환자 사이에 금전 관계가 없으므로 불필요한 검진은 하지 않는다. 환자가 직접 MRI, 위내시경 같은 진료를 요구하더라도 전문가인 의사가 판단해서 불필요하다고 판단하면 들어주지 않는다. 예진이나 진료를 난발하지 않는다.

　한국 병원에서는 예방 진료가 발달해서 의사가 미리미리 진단하고 치료하는 방향이다. 예방 차원에서 미리 치료하면 좋은 게 아니냐고 하겠지만 반드시 그런 것만도 아니다. 그냥 놔둬도 병으로 진전되지 않을 수도 있고, 오진으로 잘못된 진단일 수도 있고, 의료사고를 불러올 수도 있다.

　한국 병원에서는 환자가 MRI, 위나 대장 내시경을 요구하면 들어준다. 이런저런 검사를 하다 보면 의료비가 꽤 많이 나온다. 건강보험에서 커버해주고 나머지는 환자가 낸다. 검진에서 발생하는 의료비가 병원에게는 수입이 된다. 병원과 환자 사이에 돈 계산이 깔린 구조가 한국이다.

　미국 병원은 병원과 환자 사이에 돈 계산이 깔려 있지 않기 때문에 구태여 불필요한 진료를 하면서까지 수입을 올리려 들지 않는다. 환자가 원하더라도 의사가 판단해서 위내시경, MRI, 초음파 검사 같은 진료는 거부한다. 거부하는 이유는 불필요한 방사선에 노출이라든가 내시경 시술 시 일어날 수도 있는 의료사고를 사전에 차단한다는 의미이다.

　무엇보다 자기 몸 상태는 의사보다 본인이 더 잘 안다. 과학적으로 증명된 병이 아닌 다음에는 의사가 진단했다고 해서 무조건 따라할 일도 아니다. 시간을 두고 본인이 심사숙고해서 치료 여부를 결정할 일이다. 의사 말만 믿고 따라갔다가 오진이었다면 누가 책임지겠는가? 그렇다고 의사 말을 안 들었다가 진짜 병으로 진전되면 낭패를 불러올 것이다. 이런 경우에 다른 의사의 소견도 들어보는 게 좋다. 오랜 세월 살아가면서 알게 된 사실인데, 정답은 늘 합당한 시간이 흐른 다음에 알게 된다.

의료 비용은 어떤가. 한국은 일률적으로 국민건강보험공단에서 전 국민을 커버해주지만 미국은 각자 개인이 건강보험을 들어야 한다. 미국에서 건강보험으로 지출하는 돈이 만만치 않다. 건강보험료는 개인이 지불할 경우 월평균 800~1,000달러 수준이다.

대표적인 건강보험으로 캘리포니아의 경우 Blue Cross, Blue Shield 외에 여러 곳이 있다. 보험에 가입하면 환자가 원하는 병원을 선택해서 다닐 수 있는 보험이 있는가 하면 카이저 보험처럼 가입하면 카이저 병원만 다녀야 하는 보험도 있다. 카이저 병원은 외부 환자는 받지 않고 카이저 멤버만 받는다. 미국 직장은 법적으로 직원들 건강보험을 들어줘야 한다. 건강보험에 들어 있는 한 병원비가 한국보다 싸다는 걸 알 수 있다.

한국인들이 미국은 병원비가 비싸고 한국은 병원비가 싸다고 말한다. 그것은 미국에서 건강보험 없이 살려니 병원비가 비싸다는 말이고 한국에서는 국민건강보험에 들어 있어서 싸다는 말이다. 다시 말하면 미국에서도 건강보험에 들어 있으면 한국처럼 싸다.

미국에서 사회보장연금은 66세부터 지급된다. 62세에 조기 신청할 수도 있는데 조기 신청하면 연금의 75%만 받게 된다. 사회보장연금은 지급되기 전에 건강보험료를 공제한다. Plan B의 경우 월 140달러 공제로 은퇴자 건강보험이 커버된다. 월 800~1,000달러를 내야 하는 건강보험을 140달러만 내면 커버해주는 거다.

한국은 전 국민 건강보험제도가 돼서 구태여 은퇴 연령을 구분할 필요가 없다. 한국에서 건강검진이나 간단한 치료는 본인 부담이 적지만 큰 수술로 입원 치료에 들어가면 본인 부담이 늘어난다. 미국은 큰 부담 없이 사회보장제도에서 커버해준다. 결국, 미국에서도 한국처럼 건강보험을 들기만 하면 병원 진료비가 한국보다 비싸지 않다.

한국에서는 병원에 갈 때마다 진료 신청 시 적으나마 돈을 내야 한다. 피검사, 엑스레이 촬영 등 무엇을 해도 돈부터 내야 한다. 미국은 병원에서 별도로 받는 돈이 없다.

참고로 미국에서 건강보험이 없는 사람이 아프면 어떻게 하나. 각 도시나 카운티에는 주정부에서 운영하는 병원이 있고 저소득층이나 극빈자, 무보험자도 치료해준다. 치료비가 수천 달러가 나올 수도 있다. 치료비를 갚을 수 없으면 돈을 벌어서 갚으면 된다. 시간이 얼마나 걸릴지 모르나 수년 내지는 수십 년이 걸리기도 한다. 평생 직장 생활을 하면서 월부로 조금씩 갚아나가는 수도 있고 중도에 탕감받는 수도 있다.

86 잘못 알려진 미국의 의료비

지금은 유튜브 시대다. 유튜브가 범람하다 보니 유익한 유튜브도 있지만 잘못 알려주는 유튜브도 있다. 유튜브를 제작하는 사람이 일부러 잘못 전해주려고 하는 것이 아니라 이해가 부족해서 벌어지는 일이다.

예를 들면 뉴욕에서 사는 어느 30대 주부가 올린 영상에서 미국은 의료비가 너무 비싸서 아파도 병원에 갈 수 없다는 내용이었다. 맞는 말이다. 미국에서 건강보험에 가입하지 않은 사람은 자비로 치료받아야 한다. 한국도 마찬가지다. 국민건강보험에 가입되어 있지 않은 사람(외국에서 온 유학생, 관광객, 외국인 노동자 등등)은 자비로 치료받아야 한다. 엄청난 금액이다.

캘리포니아의 경우 2020년부터 한국처럼 건강보험에 가입하지 않은 사람은 벌금을 내야 한다. 벌금이 건강보험료보다 더 크게 책정되었다.

또 다른 영상은 미국 중부에서 사는 40대 주부가 올린 내용이다.

남편이 박사 과정을 밟고 있는데 갑자기 맹장 수술을 받게 돼서 병원에 입원했다. 건강보험이 없었기에 병원에 수술비가 얼마나 나올 것인지 문의했다. 병원에서는 모른다고 했다. 수술받고 퇴원하면서 수술비가 얼마나 나왔는지 물어보았으나 병원 측에서는 역시 모른다고 하더란다.

합당한 시간이 흐른 다음 고지서가 나왔는데 3만 5천 달러가 나왔다. 주부는 깜짝 놀랐다. 병원에 가서 물었더니 병원비를 반으로 할인해주더란다. 그러면서 월부로 15년까지 분할해서 내는 방법도 있다고 가르쳐주었다는 이야기이다. 건강보험 없는 대가를 톡톡히 치른 경우이다.

유튜브 방송인들의 말처럼 미국에서 의료비를 비싸게 받는다면 의료비를 감당 못해서 파산 신청한 가정이 속출해야 하지 않겠나? 나는 미국에서 반세기도 넘게 살면서 의료비 때문에 가정이 파탄났다는 이야기를 들어본 적이 없다. 유튜브 방송인은 의료비 때문에 가정파탄이 많다고 말하는데 적어도 미국인 가정에는 "없다"라고 단언하고 싶다.

그분이 보았다는 사례는 유학생이나 초기 이민자들이 건강보험료가 비싸서 건강보험 없이 지내다가 중병에 걸려서 가정이 무너지는 경우를 말하는 것일 거다. 이것은 어디까지나 한국식으로 생각하는 데서 일어나는 현상이다.

한국에 있는 한국 병원은 영업 위주로 운영되기 때문에 치료비가 얼마라는 걸 즉석에서 알려주고 즉석에서 청구한다. 심지어 치료비를 내지 못할 것 같은 환자는 받아주지 않는다.

미국 병원은 치료 위주의 병원이기 때문에 치료비가 얼마인지 자신들도 모른다. 어떤 환자이든지 우선 치료부터 한다. 치료비는 그 다음 문제다. 미국인 가정이 병원 치료비로 파산하지 않는 이유는 다음과 같다.

첫째, 대부분의 미국인은 먹고 살기 위해서 일한다. 직장에 다니는 사람은 누구나 건강보험이 있다. 법적으로 종업원 3인 이상의 직장에서는 종업원들의 건강보험을 들어주도록 법으로 정했다.

좋은 직장은 100% 보험료를 내주고 어떤 직장에서는 75%, 나머지는 개인의 봉급에서 내야 하는 직장도 있다. 누구나 취직할 때는 건강보험이 있는 직장인지 알아보고 일한다. 병원에서는 치료비를 보험회사에 청구한다. 환자에게 직접 보내는 케이스는 거의 없는 거나 마찬가지다.

개인이 건강보험을 들으려고 하면 상당히 비싸다. 캘리포니아의 경우 한 달에 1천여 달러나 된다. 하지만 미국식 생각은 건강보험료는 100% 세금 공제다. 치료비도 100% 세금 공제다. 세금 공제를 받으면 공제받은 만큼 세금을 덜 내니까 결국엔 거저나 마찬가지다.

미국에서 수입이 있는 사람은 세금 공제라는 뜻은 이미 낸 세금을 돌려받는다는 뜻이다. 그러므로 비싼 건강보험료를 내면서도 불평하지 않는 이유이다.

두 번째, 건강보험이 없는 사람은 사회보장제도에서 커버해준다. 사회복지사와 의논하면 복지사가 수입과 생활 수준을 감안해서 의료비를 책정해준다. 예를 들면 65세 이상이면 사회보장제도로 의료비를 내지 않는다.

일할 수 있는 연령인 경우에 수입이 얼마나 되는지를 따져서 우선 생활비를 제외하고 나머지 여유 수입에서 의료비를 받아내게 되어 있다.

수술받은 환자가 부자라면 당연히 전액 내야 하지만, 수입이 적은 가정이라면 수입에 맞춰서 의료비를 조정해준다. 할인해주는 게 아니라 조정해주는 거다. 월부도 가능하고 계속 미루기도 한다. 하지만 죽을 때까지 기록이 따라다니기 때문에 언젠가는 내야만 한다. 이번에는 정 반대되는 경우를 예로 들겠다.

『미국은 삶의 질이 다르더군요. 가난한 자를 위한 정부의 배려 등 미국의 내면을 들여다보면 판단이 달라질 수도 있습니다. 저 역시 젊었을 때는 5년간 유럽에 살았습니다. 유럽 국가들은 철저한 준법정신, 밤 10시 이후에는 세탁기도 돌릴 수 없는 타이트한 국가들이지요. 그러나 미국은 지구상에서 제일 좋은 국가인 것 같습니다. 풍부한 물자, 남을 배려하는 정신, 헌법에 담긴 인종차별 금지 등등.

저의 아들은 초등학교 1학년 때 미국에 왔습니다. 한국에서 팔을 다쳐 보니 뼛속에 골수가 차지 않아 늦게 발견되었다면 절단해야 하는 상태였죠. 그러나 한국 의사가 준 진료기록을 가져다 입학 시 통합교육구에 제출하니 어린이 병원에 가 치료받으라며 종이 한 장 주더군요.

5년 동안 4번의 골수 이식수술을 받고 완치되었습니다. 아마 제가 비용을 지불했더라면 100만 달러는 냈어야 했겠지요? 그러나 저의 부담은 1페니도 없었습니다. 이러한 도움 보답 차원에서 저희는 14년 동안 동포사회를 위해 봉사활동을 하고 있습니다. 미국은 지구상의 다른 나라들이 본받을 장점이 너무 많습니다. 겉만 보고 미국을 판단하지 않았으면 좋겠습니다. (어린이 병원은 암이나 난치병으로 고생하는 어린아이들을 무료로 치료해주는 제도가 있다)』

한국에서 유학 온 학생이나 갓 이민 온 사람들은 불평이 많다. 물가나 의료비가 터무니없이 비싸다느니 까딱 잘못하다 가는 바가지 쓴다고 한다. 틀린 말은 아니지만, 대부분 문화의 차이에서 오는 오해가 많다.

한 달에 건강보험료 800~1,000달러씩 내라고 하면 한국 학생들은 건강보험에 가입하지 않는다. 보험으로 나가는 돈은 생돈 날려버리는 것으로 생각한다. 보험도 없는 자동차를 운전한다고 생각해보라. 아찔할 것이다. 자동차보다 더 귀중한 내 몸을 위한 건강보험인데 소홀히 한다는 건 말이 안 된다.

미국식 생각은 다르다. 미국은 누구나 연말이면 세금 보고를 해야 한다. 세금 보고 때 건강보험료 지출은 100% 세금에서 공제된다. 결국 건강보험료는 안 낸 거나 마찬가지다. 가난한 유학생이 무슨 세금 보고냐 하겠지만 하다못해 편의점에서 알바를 했어도 수입이 있다면 정직하게 또는 세상을 배운다는 개념에서 세금 보고를 하는 것이 좋다. 세금 보고를 한 사람과 안 한 사람은 후일 차이가 엄청나게 크다. 크레딧 조사를 할 때 세금 보고한 사람은 당연히 가산점을 받는다. 특히 영주권을 신청하게 되면 많은 혜택을 받는다.

예를 들면 이번에 연방의회에 발의된 이민법에 의하면 미국에서 7년 이상 불법체류자는 영주권을 주는 법안이다. 단 정직하고 착실하게 세금 보고를 하면서 산 사람에게 해당한다. 결국 시스템대로 살아야 하는 데가 미국이다. 시스템대로만 살면 살기에 수월한 것도 사실이다. 미국인처럼 정직하고 어리숙하게 살아야 한다.

미국에는 시민권 신청 자격이라는 규정이 있다. 그중의 하나는 미국 시민권자와 결혼한 사람은 미국 체류 기간이 3년 이상이면 되고, 영주권자와 결혼한 사람은 미국 체류 기간이 5년 이상이어야 한다는 규정이다. 이 규정은 그만한 기간을 미국에서 거주해야 미국 문화를 이해하기 때문이다. 동시에 그만큼 미국에서 살아야 자리 잡을 수 있고, 고정 수입이 있다는 것을 시사하기도 한다.

유학이나 이민으로 미국에 들어온 사람들은 미국에서 적어도 5년은 살아야 미국인들을 이해하고 생활 기반을 만들 수 있다. 생활 수준이 미국인들만큼 이뤄지면 건강보험 정도 챙기는 건 당연하게 받아들인다. 여기에서 언급하는 건 합법적으로 미국에 거주하는 사람들을 대상으로 하는 경우이다.

불법체류 청소년 오바마 메디케어 혜택

어려서 부모와 함께 미국에 와 서류 미비 신분이 된 불법체류 청소년 출신 이민자들도 앞으로 오바마케어 건강보험 혜택을 받을 수 있다. 백악관은 이민자 대상 오바마케어 등 연방 건강보험 확대 조치를 시행할 것이라고 발표했다.

이에 따라 한인들을 포함해 60만여 명에 달하는 이른바 '드리머' 등 불법체류 청년 추방유예(DACA) 수혜자들도 오바마케어 건강보험 및 메디케이드 혜택 대상이 된다. 백악관은 연방 보건부가 오바마케어 및 메디케이드 가입 자격에 DACA 수혜자를 포함시키는 새로운 규정을 밝혔다.

지난 2012년 버락 오바마 전 대통령의 행정명령으로 도입된 DACA 프로그램은 '드리머'로 불리는 불체 청년들의 추방을 막고 학업과 취업의 기회를 제공했지만, 여전히 임시 구제책이라는 한계를 벗지 못하고 있다. 연방의회는 그간 수차례 DACA 프로그램의 영구적 시행과 더 나아가 드리머들에게 시민권 취득의 길을 부여하기 위한 입법 조치를 추진했지만 번번이 현실화되지 못했다.

　바이든 대통령은 소셜미디어에 올린 동영상에서 "DACA 수혜자들은 서류상을 제외한 모든 면에서 미국인이다"며 "우리는 드리머들이 마땅히 받아야 할 기회와 지원을 제공해야 한다"고 강조했다. 이번 바이든 대통령의 조치는 연방의회에 DACA 수혜자에게 시민권 취득의 길을 부여하는 법안을 조속히 마련하라는 압박의 의미도 담겼다.

87 소아과와 산부인과

나의 조카가 스탠퍼드 대학병원 소아과 과장인데 병원에 인터뷰하러 갔을 때 병원에 근무하는 조건으로 병원에서 15분 거리에서 살아야 한다는 단서가 있었다. 조카는 병원에서 얼마 떨어지지 않은 멘로파크에 집을 사고 들어갔다.

아기 환자는 말을 못하고 울기만 하니까 참으라고 할 수도 없다. 의사가 보고 무엇이 문제인지 알아야 한다. 오클랜드에서 사는 소아과 여의사는 자정이 넘어서 자다 말고 병원에 달려가는 때가 있다. 병원에 달려갔다 온 후에 하는 말이 아기 코에 코딱지가 붙어 있는 걸 가지고 잠도 못 자게 불러댄다고 불평을 늘어놓는 걸 보곤 했다.

소아과 의사나 산부인과 의사는 병원과 가까운 곳에서 살아야 한다. 아기를 출산하는데 산모가 출산 시간을 정하는 게 아니지 않은가. 언제 아기가 나올지 모르기 때문에 신부인과 의사는 병원과 가까운 거리에서 살아야 한다.

한국에서 탈북녀가 아기를 낳는데 병원에서 진통이 3분 간격으로 오면 병원에 오라고 했다. 참고 견디다가 진통이 1분 간격으로 다가 와서 급히 병원에 갔다.

  간호사가 왜 이제 왔느냐고 하면서 서둘러서 분만실로 들어갔다. 배는 아파 죽겠는데 15분만 참으라고 하더란다. 15분이면 의사가 올 것이니 그때까지 참으라면서 옆으로 눕혔다. 말이 좋아 참지, 어떻게 나오는 아기를 참겠는가? 그래도 이를 악물고 참았지만, 15분이 지나도 산부인과 의사는 오지 않았다. 아기는 나오고 결국 피부과 의사가 와서 우왕좌왕하면서 아기를 받았다고 한다.

  한국에서는 저출산 시대를 맞아 산부인과 의사가 부족해서 산부인과 의사가 없는 병원이 여럿이라는 뉴스를 들었다. 응급차가 산모를 태우고 병원에 가면 산부인과 의사가 없다고 안 받아주고 저 병원에 가도 안 받아주었다는 웃지 못할 뉴스도 들었다.

88 한국과 미국에서 나의 안과 진료 경험

안과 병원? 어디서부터 이야기를 해야 하나. 아무튼 내가 사는 일산 백석동에서 가까운 '모모 안과 병원'엘 갔다. 뭐 특별히 문제가 있어서 간 건 아니고 새 안경이나 하나 맞춰볼까 하는 생각도 있고 안과 진료도 받아볼 겸 해서 들리기로 했다. 예약이 필수라고 한다. 하지만, 첫 방문 손님은 돈벌이가 되는 손님이니까 우대해서 다음날 아침 9시로 예약해주었다.

아침에 너무 일찍 일어나는 바람에 안과에 가기에는 시간이 넘쳐난다. 컴퓨터를 켜놓고 블로그를 써 내려갔다. 7시 반까지만 글을 쓰다가 출타할 준비를 해야겠다고 마음먹었다. 글을 쓰는데 그만 너무 재미있어서 까맣게 잊어버렸다.

한참 쓰다가 시계를 보니 8시 30분이다. 깜짝 놀랐다. 걸어가는 데만도 20분은 걸릴 텐데. 부랴부랴 세수도 못하고 수염이 난 채로 마스크를 하고 주섬주섬 옷을 입었다. 허겁지겁 달려갔더니 겨우 지각은 면했다.

모모 안과 병원은 생각보다 규모가 컸다. 기본적인 시력 검사를 하고 의사가 들여다보기 원활하게 동공을 확장시키는 '산동제'라는 약을 투여했다. 동공에다가 약을 투여한다니까 뭐 대단한 것처럼 들리지만 실은 간단하게 눈 건조증에 안약을 넣는 것처럼 약물 두어 방울 떨기는 정도다. 그리고 한 시간을 기다려야 한단다. 아침도 먹지 못하고 달려왔는데 꼬박 굶게 생겼다.

아무리 기다려도 동공이 커지지 않나 보다. 간호사가 두어 번 만년필 같은 손전등을 켜 들고 안공을 들여다보았지만, 준비가 안 됐다면서 '산동제'를 또 넣고 기다렸다가 와서 보곤 또 넣기를 반복했다.

똑같은 일을 자꾸 겪다 보니 생각났는데 간호사도 그렇지, 환자의 고개를 눕혀서 공중을 보게 한 다음에 안약을 넣어야지 앉아 있는 환자의 눈에다가 약물을 주입하면 밖으로 다 흘러나와서 넣으나 마나가 아닌가?

3년 전에 일산병원 안과에서 검진받았는데 시력 검사를 하는 검시원이 황반변성이 의심스럽다면서 전문 교수님을 만나봐야 한단다. 전문 교수님은 예약이 밀려 있다면서 자그마치 6개월 후인 2020년 3월 24일 11시로 잡아주었다. 의사가 바쁘다니 별수 있나 하고 기다렸다.

그런데 2019년 12월에 코로나가 터졌다. 2020년 3월이면 코로나로 전 세계가 야단법석을 피우던 때다. 나 역시 황반변성 검사고 뭐고 다 때려치우고 집 안에 갇혀 살았다.

세월이 흘러 엊그제(2022년 12월 15일) 일산병원에 찾아가 지난 예약을 살릴 수 없겠느냐고 물어보았다. 다시 6개월을 기다리라는 소리만 들었다. 할 수 없이 가까운 사립 안과의를 찾아간 곳이 '모모 안과 병원'이다.

여기서 잠깐 이야기가 샛길로 빠지는데 한국에서는 '치과 병원', '안과 병원'이라고 병원이란 명칭을 쓰지만, 미국에서는 치과나 안과에 병원이라는 명칭을 못 붙이게 법으로 규정되어 있다. 대신 '치과의(Dentist), 치과 의료원(Dental Clinic)', '안과의(Ophthalmologist), 안과 의료원(Eye Clinic)'이라고 써야만 한다.

아무튼 내가 만나본 안과 전문의는 모니터에 확대된 내 동공을 보여주면서 망막 앞에 돌출 부위가 보이는데 바로 그 부위를 제거해야 한단다. 의사 소견으로는 백내장이 조금 있으나 망막 전문의를 만나보고 나서 백내장 수술도 결정할 것이라고 했다.

'망막전막'이라는 말을 처음 듣는 말은 아니지만, 자세히는 알지 못했다. 공부도 할 겸 이번에는 사전을 찾아보았다.

『망막전막증은 망막전막의 두께와 혈관 뒤틀림 정도에 따라서 달라질 수 있는데, 가장 흔한 증상으로는 시력 저하와 물체가 찌그러져 보이고 변형되어 보이는 변시증 증상으로 대부분 발현은 느리게 진행된다. 망막전막증 증상은 노안과 비슷하게 나타나기 때문에 단순 노안으로 생각하여 놓치기 쉽다. 망막전막은 건강한 노인에게서 특발성으로 발생한다. 망막전막은 유리체 절제술이라는 수술을 시행하여 표면에서 막을 제거하여 치료한다』

한국 안과 병원에서 받은 진단

'망막전막' 전문의 진단을 받으러 가는 날이 수요일 오전 9시 30분으로 예약되어 있었다. 이번에는 실수 없이 준비해서 허겁지겁하는 일 없이 늦지 않겠다고 다짐했다. 월요일 오후에 전화가 와서 수요일 예약을 앞당겨 내일 화요일은 어떻겠느냐고 묻는다. 나야 할 일 없이 노는 노인인데 아무 날이면 어떠랴 싶어서 그러라고 했다. 화요일 오전 9시 30분으로 변경해주었다. 제시간에 맞춰서 갔다.

약속했던 의사가 수술하러 갔다면서 다른 의사를 찾느라고 열심히 검색하더니 빈자리를 찾은 모양이다. 진료표를 떼주면서 3층으로 올라가란다. 3층에 올라가서 진료표를 보여줬더니 2층에서 시력 검사부터 하고 오란다. 지난주에 다 받았는데 또? 그게 아니라 다른 검사란다.

2층으로 내려가서 기다렸다. 젊은 간호사가 쪼르르 다가오더니 나를 데리고 검사실로 들어갔다. 앞에 보이는 선이 직선이냐 곡선이냐 하는 검사만 하고 다시 3층으로 가란다. 신중치 못하게 환자를 이리저리 헛걸음질시키는 때부터 알아봤다.

3층 05실 간호사 역시 지난주처럼 눈에 '산동제'를 넣고 1시간을 기다려야 한다면서 약을 꺼내 들고 달려들었다. 나는 잠깐 저지하고 지난번 경험을 말해주려고 몇 마디 하려는데 간호사는 뭐가 그리 급한지 내 말은 들으려 하지 않고 행동이 앞섰다. 말하지 않아도 다 안다면서 시간 없으니 빨리 끝내야 한다는 식이다.

하는 수 없이 또 당했다. 이제부터 한 시간을 기다려야 한다. 기다리면서 할 수 있는 일은 대기실 분위기를 관찰하는 일밖엔 없었다. 대기실은 여유라고는 없이 좁은 편이었고 의자는 시외버스 대합실처럼 줄을 지어 앉게 되어 있다. 공간은 좁고 사람은 많아서 저 사람이 숨 쉬고 난 공기를 내가 마시는 것 같아서 상쾌한 기분은 아니었다. 젊은 간호사들이 무엇이 그리 바쁜지 빠른 걸음으로 움직였다. 매사 빨리 빨리라는 말이 어울린다.

자리에 앉아 있는 동안 주변을 살펴보면서 벽에 붙어 있는 광고란 광고는 모두 읽어보았다. 자기 PR을 어떻게 하는지 살펴보자.

모모 안과병원이 대학병원보다 좋은 세 가지 이유

대학병원 포함 경기도에서 1위

첫째, 스케일이 다르다.
명문 대학병원 교수 출신 중심 의료진 20명

둘째, 실력이 다르다.

수술환자 15,600명, 외래환자 179,499명

백내장 수술 연 4,000건 이상

망막 수술 연 2,000건 이상

셋째, 서비스가 다르다.

중복 안질환 원스톱 토탈케어

내과 / 마취통증의학과 협진

    대단한 안과임에는 분명해 보였다. 대기실을 둘러보던 중에 나를 놀라게 한 것은 한 폭의 그림이었다. 그림이 범상치 않아 보였다. 자세히 보니 유화다. 그림 밑에 새겨진 동판을 보았다. 아뿔싸! 그 유명한 '키스'를 그린 구스타프 클림트(Gustav Klimt, 1862-1918)가 아닌가!

    나는 깜짝 놀랐다. 이 귀한 그림이 진품인가? 유심히 살펴보았다. 진품 같아 보였다. 이 그림을 가격으로 치면 엄청날 텐데……. 보안도 없이 허술하게 대기실 벽에 걸어놓았다고?

    클림트는 오스트리아 화가로 그의 그림을 보기 위해서는 멀리 오스트리아까지 가야 하는 건데 일산 안과 병원에서 만나다니. 이게 웬 횡재냐. 오늘 아침 안과에 왔다가 가는 시간은 절대 낭비가 아니다. 본전은 다 뽑고도 남았다.

진료받고 5월 30일로 수술 날짜를 잡았다. 진료받는 내내 간호사가 옆에서 나를 도와주고 있었다. 의사 면담을 마치고 나오는데 내가 하는 말은 들으려 하지 않던 그 까다로운 간호사가 쪼르르 따라 나오더니 내게 보충 설명을 해준다. 보충 설명이라고 하는 것은 앞으로 들어갈 수술 경비를 알려주는 거였다.

명함만 한 종이를 건네주면서 백내장 수술비가 양쪽 눈 다 하면 27만 원 정도라고 말하는 것처럼 들렸다. 나는 그 명함만 한 종이에 써달라고 했다.

동공에 '산동제'를 넣었기 때문에 앞이 잘 보이지 않다 보니 말도 잘 못 알아듣겠다. 더군다나 글씨는 읽을 수 없었다. 얼마나 시간이 흘렀을까? 사물이 제대로 보인다. 나는 작은 명함만 한 종이를 꺼내 들고 뭐라고 쓰여 있는지 자세히 보았다.

간호사가 한 말을 내가 잘못 들었다. 백내장 수술이 27만 원이 아니라 67만 원 정도이다. 나는 잠시 고개를 갸웃거렸다. 내가 알기로는 망막전막 수술을 하면서 백내장 수술도 함께 한다고 했는데, 더군다나 하루 병원에 입원해야 한다고 했는데, 치료비는 오로지 백내장 수술비만 적혀 있다. 의문이 들었다. 나처럼 인지 능력이 떨어진 노인은 67만 원이라는 금액만 보고 덜레덜레 수술받으러 갔다가는 낭패를 볼 것 같은 기분이 들었다.

오후에 다시 안과 병원으로 향했다. 3층에 올라갔는데 오전에 복작대던 환자는 다 어디로 갔는지 없고 대기실이 텅 비어 있다. 05실 문 앞에서 간호사가 나오기를 기다리다가 잡아 세웠다. 간호사는 명함만 한 종이 뒷면에다가 망막전막 수술 한쪽에 80~90만 원이라고 적는다.

그러면 백내장 수술과 망막전막 수술을 합치면 얼마냐고 따져 물었다. 간호사는 마치 공부 못하는 학생을 가르칠 때처럼 나를 힐끔 쳐다보더니 "한 2백 잡으면 될 거에요" 하고는 가버렸다.

가만있자, 2백만 원이 아니다. 병원에 하루 입원해야 한다고 하지 않았는가? 입원료를 살펴보니 1인실, 2~3인실, 4인실이 있다. 식대도 따로 받는다. 이럭저럭 들어가는 돈이 만만치 않아 보였다. 더군다나 건강보험공단에서는 얼마나 받아낼까?

연간 수천 명씩 수술한다면서 왜 예상되는 경비를 투명하게 말해주지 않을까 하는 의구심이 가시지 않았다. 맨날 수술 환자만 다루는 간호사가 아무려면 수술비가 얼마 드는지 모를 리가 있나? 돈벌이를 위해서 무언가 말해서는 안 된다는 것 같은 느낌을 받았다. 이미 2번 진료받은 진료비는 다음과 같이 부담했다.

12월 28일 본인 부담 60,300원 - 공단 부담 90,548원
01월 03일 본인 부담 12,800원 - 공단 부담 26,836원

이런 사실을 보면서 망막전막 수술과 백내장 수술을 받으면 본인

부담이 200만 원이 넘을 것으로 짐작되며 공단 부담은 또 얼마나 되겠는가? 거기에다가 입원비까지.

자기 PR에서 보았듯이 일류 안과 병원이 환자 중심이 아니라 비즈니스 중심으로 보이는 것이 나의 잘못일까? 어쩌면 3층 대기실 벽에 걸려 있는 구스타프 클림트의 그림도 진품과 똑같지만, 진품이 아닐지도 모른다는 의구심이 들었다.

미국 카이저 병원 안과

미국 집에 돌아와서 카이저 병원 안과에 예약하고 2주 기다렸다. 나는 미국에서 처음 안과에 가보는 거다. 대기실에 환자는 그리 많지 않았다. 코로나19 때문에 드문드문 앉아서 호명되기를 기다리고 있었다. 의자에 앉아서 15분 정도 기다리니 내 이름을 부른다. 진료실로 따라 들어갔다. 시력 검사를 위시해서 현미경으로 동공을 관찰하고 사진도 찍었다. 매번 다른 검사를 받을 때마다 진료실을 옮겨 다녔다.

마지막 진료실에서 젊은 흑인 간호사가 눈에 '산동제'를 3번 연거푸 투여하고 약 15분 기다렸다. 산동 검사를 하면서 안구 검사도 했다. 백내장 전문의가 들어와서 모니터에 나타난 안구를 보면서 설명해주었다. 망막에 망막전막증(Epiretinal Membrane)이 있기는 하지만 심한 것은 아니어서 백내장 수술만 하고 두고 보잔다. 망막전막이 천천히 자라기 때문에 망막전막증 수술은 안 해도 될 것 같다는 의사 소견을 들려주었다. 나는 전문의의 의견에 따라 백내장 수술만 하기로 했다. 스케줄은 일주일 후로 정했다. 수술 후에는 운전해서는 안 된다고 해서 아내가 대동했다.

백내장 수술을 받으러 수술실에 들어갔다가 그만 깜짝 놀랐다. 나는 한쪽 눈만 먼저 수술한다고 해서 간단하게 해치우는 줄 알았다. 그러나 수술실로 들어가기 전 단계에서 그만 놀라고 말았다. TV에서만 보았던 대수술을 받으러 들어가는 환자처럼 환자 침대에 누워서 비닐 커버로 머리를 씌우고 오른팔에는 혈압 밴드와 각종 지표를 실시간으로 볼 수 있는 가는 줄들이 모니터에 연결되어 있고 가슴에도 심장박동을 모니터링하는 줄들이 달려 있다.

녹색 숫자만도 여러 개가 모니터 화면을 장식했다. 왼쪽 손등에는 수액 주삿바늘이 꽂혀 있어서 연신 수액을 공급하고, 검지에는 빨래집게 같은 집게를 물려놓았다. 의료 침대에 누워서 얇고 가벼운 공기담요로 몸을 덮고 있는데 어찌나 따뜻한지 이런 거 집에 있었으면 하는 생각도 들었다.

백내장 수술받는 환자가 나 혼자인 줄 알았는데 환자만도 열몇 명이 넘는다. 간호사도 십여 명 되고 환자 한 사람마다 담당 간호사가 있어서 이런저런 준비를 했다. 입고 간 윗도리는 다 벗었고 환자 가운으로 입었다.

오른쪽 눈 먼저 하기로 했는데 너무 빨리 해치우는 바람에 언제 끝났는지 가늠이 되지 않았다. 2주 후에 수술 결과를 확인할 거라면서 날짜를 정해줬다. 나는 카이저 병원 건강보험 멤버여서 전 과정을 거치는 동안 돈은 한 푼도 내지 않았다.

　백내장 수술 후, 한 달이 지난 지금 수술받은 눈은 확실히 깨끗이 보인다. 하지만 의구심이 가시지 않았다. 한국 안과에서는 망막전막중 수술을 해야 한다고 했는데 미국 카이저 병원 안과에서는 망막전막중 수술은 안 해도 된다니?
　나는 다시 병원 안과에 예약했다. 이번에는 망막전막 전문의에게 예약했다. 이 과정을 거치면서 백내장 수술 전문의, 망막전막 수술 전문의가 따로 있다는 사실도 알게 되었다.
　예약된 날짜에 안과에 가서 전처럼 대기하다가 진료실에 들어가서 똑같은 검사를 반복하고 나서 모니터에 내 확대된 동공이 커져 있는 상태에서 망막전막 전문의와 마주 앉았다.
　전문의의 말로는 내 시력이 20/40으로 좋은 상태라고 말했다. 망막전막이 보이기는 하지만 심한 것은 아니라면서 진행이 더디기 때문에 더 두고 보자고 했다. 하지만 환자가 원하면 수술을 해줄 수도 있단다. 하면서 백내장 수술 마치고 6개월 후에 다시 보자고 했다.
　1/1000이지만 의료사고도 있다는데, 안 해도 된다는데, 구태여 할 필요가 있나 하는 생각이 들었다. 시력이 더 나빠지면 모를까. 미국에서 카이저 병원 들락거리기를 수없이 많이 했지만, 의료비는 한 푼

도 내지 않았다.

　여기서 신문이나 TV에서 밝힌 불편한 진실을 말하지 않을 수 없다. 한국은 대학병원을 위시해서 일반 종합병원들은 고가의 의료기기를 수입해서 사용한다. 89%를 수입에 의존한다니 의료 장비 거의 다가 외제다. 비싼 의료 장비를 들여놨으니 그 가격을 뽑아야 한다. 하다못해 인공관절, 비닐장갑까지 수입해서 쓴다니!!!

　당연히 새로 들여놓은 의료 장비를 활용해야 하는 문제가 발생한다. 비싼 의료 장비나 기기를 수입해서 사용하는 데 따르는 혜택을 국민이 누리는 것은 사실이다. 하지만 단점으로는 과잉진료가 나타날 수 있고 의료기기의 국산화가 어렵다는 문제도 따른다.